I0829512

ROGELIO GARCÍA
Crónicas Mambisas

Hércules Editores

Índice de contenidos

La Feria

La Feria del Libro de Miami, ese lugar donde el tiempo se detuvo para mí hace una década. Ayer, en un acto de nostalgia impulsado por quién sabe qué, me aventuré a vagar por los senderos de esa feria callejera. Mis expectativas eran simples: encontrar ese libro perdido que, para mi desencanto, decidió jugar al escondite.

Pero, oh, queridos lectores, lo que descubrí fue una sorpresa digna de un drama shakesperiano. La presencia de los stands de las editoriales cubanas, como reliquias literarias del pasado, estaba más desvanecida que mis esperanzas de encontrar mi libro perdido. Incluso las emergentes, esas que intentaban asomarse tímidamente al escenario literario, parecían haberse esfumado más rápido que un chiste malo en una fiesta.

Este fenómeno, tan comentado en las redes sociales, resonaba en el aire como un susurro colectivo que trascendía las paredes de este evento literario. Oh, la ironía de buscar un libro y encontrarme con la desaparición de las editoriales cubanas. Parece que la literatura, al igual que mi libro perdido, se está escondiendo habilidosamente de mí.

Pero, ¡ah!, la fortuna favorece a los desilusionados. En medio de mi búsqueda sin rumbo, me topé con un amigo, un salvador en esta travesía literaria. ¿Y qué hace un buen amigo en la Feria del Libro de Miami? Invitarme a participar en las presentaciones matutinas de libros, por supuesto. Porque, al final del día, incluso cuando las editoriales desaparecen, las presentaciones matutinas siempre están ahí para recordarnos que la literatura es tan impredecible como un capítulo de telenovela. ¡Qué emocionante, queridos lectores, qué emocionante!

Nos encontrábamos a un paso del edificio 8, a punto de entrar en la emocionante odisea matutina de presentaciones literarias. ¡Oh, qué maravilla! Un panel titulado Política bajo la lupa nos esperaba cuatro escritores, tres provenientes de la isla del tabaco y uno navegando desde tierras nicaragüenses. El salón 8525, pintado de un azul tan profundo que podría rivalizar con el océano, estaba decorado con esos majestuosos banners de la Feria, como si estuviera vestido para la ocasión. Y allí estábamos, rodeados de un puñado de almas curiosas, listas para presenciar el evento que estaba a punto de desplegarse. Claro, «pocas personas» era un término bastante generoso para describir la multitud expectante. Pero, quién necesita multitudes bulliciosas cuando puedes disfrutar de la intimidad de un pequeño grupo selecto, ¿verdad?

Ah, el magnum opus de Fundora, ese intento de barricada literaria que más bien parece un naufragio de ideas en más de 500 páginas. Me sorprendió, sí, pero no por su brillantez, sino porque pensé que la fiebre de New Age ya estaba enterrada más profundamente que las aspiraciones de un caracol en un campo de sal. Este mamotreto es como un batido mal mezclado de budismo trascendental y despertar de la conciencia al estilo de las charlas de OSHO, pero con la sutileza de un elefante en una tienda de porcelana.

Fundora intento demostrar lo inimaginable a través de un discurso cultural que parece más un monólogo narcisista que un viaje intelectual. La narrativa, si se le puede llamar así, se retuerce y gira como una serpiente en un intento desesperado por justificar la existencia de este tomo interminable.

Es como si el autor hubiera decidido mezclar todas las modas literarias y filosóficas de las últimas décadas en una coctelera oxidada, esperando que la agitación generara algo de relevancia. Pero lo único que logra es dejar al lector más confundido que un pulpo en un tiroteo.

Ah, Francisco Lario, el intelectual izquierdista que hace las delicias de la academia estadounidense con su obsesión por el postcolonialismo. ¡Qué novedoso! Sus interminables divagaciones sobre los estudios poscoloniales adornan las mil páginas de su obra magna «Contra el poder». Nos ilumina sobre el impacto del poder que, según él, la continuidad colonial tiene en Nicaragua, ¡algo que nadie más había pensado antes!

¡Ah, el fascinante mundo de los enredos constitucionales y los intentos de ser moderno en una era postmoderna! El abogado constitucionalista Faisel Iglesias ha desenterrado un tesoro intelectual en su propuesta para Cuba: un pacto posmoderno constitucional. Se zambulle en la historia del derecho, coquetea con las ideas de Ignacio Agramonte y, ¡oh, sí!, abraza con fervor los ideales del derecho revolucionario.

Pero aquí está el nudo de la cuestión: ¿cómo diablos puede algo ser posmoderno cuando está tan arraigado en los cimientos de la modernidad ilustrada? ¡Esa es la gran pregunta que deja a más de uno rascándose la cabeza! Faisel parece estar jugando al escondite con la coherencia, porque ¿cómo pueden coexistir ideas nacidas hace siglos con la última moda posmoderna?

¿Qué diablos entiende Faisel por postmodernidad? ¡Esa es la pregunta del millón! Mientras nos sacude con referencias a la Revolución Francesa, se queda enredado en su propio discurso. Y hablando del poder del soberano, ¡vaya mezcla con la letra de una canción de Lennon! Parece que Faisel está jugando un juego de asociación de ideas que nadie más puede seguir.

¡Ah, la «domingada matutina»! Esa maravillosa ocasión donde la mente despierta aún está tanteando su camino en el mundo de las ideas. Y qué hallazgo, ¡la propuesta de Triff sobre la revolución castrista! Entre todos esos libros expuestos, fue como encontrar cordura en un manicomio, ¿no? En medio de un público ávido por entender la angustia del pueblo cubano, qué alegría descubrir una tesis tan polémica y desafiante. Sí, la cultura «woke», ese faro de la nueva izquierda postcolonial, expandiéndose como un virus en los designios de un pueblo que, por alguna extraña razón, sigue con la carambola de apoyo al castrismo. ¡¿Qué contradicción más fascinante, verdad?

¡Ah, la crónica dominguera que promete más emociones que una montaña rusa y deja todo pendiente para la segunda parte! Todo un suspenso digno de una telenovela, ¿no les parece? Un panel titulado «Ensayos y crónicas para pensar el mundo», donde el mundo se convierte en cápsulas de sabiduría y dos islas desdichadas se convierten en el alma de la fiesta. ¡El drama está servido!

Feria del libro de Miami
(sección final vespertina)

La última presentación de la tarde en la feria, el gran despliegue del «espíritu de las dos islas». ¿Cuáles islas, preguntas? ¿Qué espíritu mágico están invocando ahora? ¿Allan Kardec se asoma desde la penumbra en esta función? Inocentemente, pregunté, como si estuviera solicitando las coordenadas exactas de la Atlántida. Mi amigo me miró con esa expresión que solo los iluminados tienen cuando se topan con un ignorante como yo y, con un toque de suficiencia, soltó: «Ese Kardec pateó el cubo hace más de un siglo, estamos hablando de un erudito de la pluma, un virtuoso de los ensayos y la ficción, famoso por escribir una historia sobre una tal Emilia».

¡Ah, claro! Cómo pude olvidar a ese coloso literario que nos dejó tan valioso relato sobre una mujer. ¡Una mujer! Qué audacia, ¿verdad? Un hombre que se aventuró a narrar las hazañas de una mujer. ¡Qué novedad en este mundo! Quizás deberíamos erigirle una estatua por tan noble gesto, porque todos sabemos lo extraordinario que es que un hombre se tome la molestia de hablar sobre las experiencias de una mujer. Supongo que merece elogios por salir de su zona de confort de escribir sobre héroes masculinos con capas y espadas.

Pero, espera, eso no es todo. Resulta que este Kardec es un triunfador galardonado en tierra de nadie, premiado en tierra de los tigres donde definitivamente encontró su identidad. ¡Caramba! Debe haber sido una odisea descubrir quién era en medio de toda esa confusión territorial. Seguro que enfrentó tribulaciones comparables a las de Ulises, pero en lugar de enfrentarse a sirenas y cíclopes, lidió con los trámites burocráticos de aduanas y fronteras.

Y atención, porque este titán de la narrativa no es cualquier titán. Es el orgulloso poseedor del mayor galardón de la Florida. Sí, señores y señoras, nada menos que el título de Latin lover. Supongo que eso significa que es un amante apasionado de las letras y, quizás, también de los tacos. ¿O es que se refiere a otra cosa? No importa, seguramente es una categoría literaria muy prestigiosa que solo los verdaderos connaisseurs comprenden.

Así que aquí estamos, ante el coloso de las letras, el narrador intrépido que desafió las expectativas al escribir sobre una mujer y que, además, ha conquistado tierras y galardones como un moderno conquistador literario. ¡Bravo por Kardec y su espíritu de las dos islas! ¡Que siga desafiando los límites de la narrativa, un Latin Lover, no un Caribbean Lover ,en un mundo lleno de amores literarios menos prestigiosos!

Oh, el Caribbean Lover desenterró sus dotes de orador, sutilmente blandiendo un libro con la elegancia de un pavo real que exhibe su plumaje fluorescente. La joya de la literatura que sostenía en sus manos parecía un grito de ayuda desde el estante de las ediciones más chillonas y brillantes, como si un arcoíris hubiera vomitado sobre ellas. Un abanico literario, sí, porque nada dice sofisticación como hojear páginas mientras se pontifica sobre el Caribe literario del siglo pasado.

¡Ah, el Caribe literario de habla hispana en la primera mitad del siglo xx! Un verdadero culebrón que haría que las telenovelas parecieran lecturas ligeras de cuentos infantiles. Y, por supuesto, este drama literario desplegado en tres capítulos, porque dos serían demasiado predecibles. Las páginas de estos libros estaban impregnadas con la solemnidad de la Feria del Libro de Miami, como si los volúmenes fueran los protagonistas en un espectáculo donde los dramas literarios se mezclan con el glamour de las portadas chillonas.

Ah, «Periplo santiaguero de Max Henríquez Ureña», una obra maestra que marca el comienzo de una odisea tan emocionante como buscar una aguja en un pajar. Claro, porque todos sabemos que los viajes literarios a Santiago son tan emocionantes como una partida de bingo en un asilo.

Luego llegamos a «En el espíritu de las islas; los tiempos posibles de Max Henríquez Ureña» de Santillana. Sí, porque la mística está en el aire, preguntándonos si Max realmente viajó en el tiempo o si simplemente estaba probando la nueva marca de tinta mágica de la papelería local. ¡Qué dilema!

Y, por supuesto, para darle el toque final a esta trilogía que nadie pidió, pero todos estaban esperando ansiosamente: «En el espíritu de las islas; los tiempos cubanos de Max Henríquez Ureña» de Ilíada Ediciones. ¡La edición definitiva! Porque todas las sagas literarias necesitan su «gran final», como si estuviéramos a punto de descubrir quién es el asesino en una telenovela de medianoche. ¿Quién necesita cierre emocional cuando puedes tener resolución de intrigas literarias caribeñas?

Y así, con una mirada de cuarenta años, estos libros emergen como los protagonistas de un serial literario que nos sumerge en los entresijos del Caribe y sus letras. ¡Casi podrían venderse los derechos para una adaptación televisiva! Porque, claro, todos estamos esperando ver cómo estas obras maestras se convierten en la próxima sensación dramática, ¿verdad? ¡Qué emocionante!

Oh, el Caribbean Lover nos deleitó con su perspicacia mientras lanzaba sus perlas literarias hacia nosotros. Con una profundidad que rivalizaría con el abismo de un charquito, nos iluminó sobre la necesidad imperiosa de evocar la presencia y obra de Lichi Diego. Porque, claro, el destino del mundo pende de un hilo y solo un Caribbean Lover puede apreciar la magnitud de gestos culturales cotidianos que, según él, se desvanecerían si no fuera por el agudo ojo del cronista.

Y cómo no dar gracias por la oportunidad de trazar el mapa de los Henríquez Ureña, esa familia dominicana que amó a Cuba con la intensidad que este particular cubano ama a la República Dominicana. ¡Qué bendición! Casi tanto como revivir un Caribe entrañable que, según sus lentes nostálgicas, apenas existe ya. ¿Quién necesita la realidad cuando se puede disfrutar de las maravillas creadas por el Caribbean Lover?

En verdad, fueron demasiadas bendiciones para una sesión de intercambios que merece un lugar en los anales de la sátira literaria. Mis agradecimientos van, por supuesto, a la Feria, por permitirnos este espectáculo; a los compañeros del panel, por soportar la avalancha de sabiduría del Caribbean Lover; y, por supuesto, al presentador, quien, con maestría, guio esta conversación que, sin duda, pasará a la historia… o al menos al archivo de las curiosidades literarias». Todos aplaudieron, yo aplaudí, pero al final no supe si el biografiado era un *Caribbean Lover* que pasó por dos islas ensimismadas por la literatura de salón.

Feria del Libro de Miami (segunda sección vespertina)

Ahí estaba yo, arrastrando mi cansancio como un peso invisible después de sobrevivir a la primera sesión vespertina de la presentación de libros en la feria de Miami. Mis ojos, más secos que el desierto, pedían a gritos una pausa, y mi espalda estaba más encorvada que la moral de un político en campaña. Me acerqué a mi amigo, ese entusiasta incorregible que siempre encuentra energía en lugares donde yo solo veo la posibilidad de una siesta reparadora.

Le dije que ya me iba a casa, pero él, con esa terquedad que solo los amigos poseen, insistía en participar en la última presentación del día. ¿La última? Pensé, más valdría que fuera la mejor. Accedí a regañadientes, como quien acepta un dulce sabiendo que está a punto de perder una muela.

Finalmente, llegamos a la presentación. El último acto de esta odisea literaria que había comenzado con la promesa de descubrir joyas literarias y terminó siendo una maratón de autores desconocidos con historias más confusas que un chisme de vecindario.

El presentador, un entusiasta digno de un Oscar por su capacidad para mantener el ánimo en circunstancias desesperadas, anunció la crónica de la Pequeña Habana. ¡Ah, sí, la Pequeña Habana! Mi interés se encendió momentáneamente, como una vela titilante en una ráfaga de viento.

El autor, un individuo que parecía más interesado en su propio peinado que en su obra, comenzó a hablar sobre las maravillas de la Pequeña Habana. Hablaba de crónicas que retrataban la vida en sus calles como si fueran los pasillos de un paraíso terrenal, pero yo no podía evitar preguntarme si hablaba de la misma Pequeña Habana que yo conocía, con sus olores a fritanga y sus rincones donde la decadencia baila un tango con la nostalgia.

Mientras el autor se perdía en sus propias metáforas, mi mente divagaba. ¿Estaría escribiendo sobre la misma Pequeña Habana que huele a café quemado y a cigarros baratos? ¿O acaso había descubierto un rincón secreto donde los flamencos bailan salsa y los mendigos recitan poesía?

En medio de mi escepticismo, mi amigo miraba al autor como si estuviera presenciando la revelación de los secretos del universo. «Debe ser una experiencia única», pensé, preguntándome si debía confiar en mis propios recuerdos o dejarme llevar por la exaltación del autor.

Y así, entre la ironía de la situación y la curiosidad por descubrir qué maravillas escondía la Pequeña Habana según este visionario escritor, me quedé, agotado pero expectante, esperando que las crónicas revelaran si realmente vivimos en el mismo planeta o si este autor tenía un pasaporte a una dimensión literaria desconocida.

Ah, el libro de las crónicas de la pequeña Habana, una obra maestra de la literatura en miniatura, donde cada palabra es como un píxel en el cuadro de la desilusión. Me sumergí en sus páginas con la esperanza de encontrarme con cuentos excepcionales, pero oh, qué error fue subestimar la capacidad del autor para transformar lo interesante en un aburrimiento épico.

El autor, con su pluma afilada como una cucharita de postre, nos lleva de paseo por la pequeña Habana como si fuera el descubrimiento del siglo. Se mudó allí, y de repente, la literatura lo eligió a él. Sí, como si la literatura tuviera un radar especial para localizar a los elegidos en los barrios menos pensados. Debe ser un superpoder literario, porque yo, pobre mortal, aún estoy esperando a que la literatura me elija en mi tienda de conveniencia local.

El autor, en lugar de deleitarnos con historias intrigantes, opta por el enfoque triangular de los microrelatos en el triángulo de las Bermudas. Desaparecen tan rápidamente como la paciencia de un estudiante en una clase aburrida. ¿Metáforas? ¿Imágenes? ¿Giros lingüísticos? ¡Para qué molestarse con esas bagatelas literarias! El autor ha descubierto el arte de la concisión extrema, donde cada palabra cuenta, o al menos eso intenta convencernos.

Mi amigo, incrédulo ante la genialidad de este «Maestro del lápiz corto y la hoja chica», me susurra al oído: «Es un redentor literario, un mesías de la brevedad». Ah, sí, el Salvador de las palabras cortas y las historias efímeras. Supongo que la pequeña Habana ahora es el epicentro de la revolución literaria, y todos somos testigos privilegiados de este fenómeno de proporciones cósmicas. ¿Quién necesita literatura universal cuando se puede tener la pequeña Habana en versión de bolsillo?

Me erguí con la gracia de un flamenco desentrenado, saludando al público con la elegancia de un pingüino en una pista de hielo. Un gesto teatral que desencadenó miradas perplejas, como si estuviera interpretando una versión bizarra de la escena final de una película épica.

Noté al autor, con una expresión que gritaba «yo no tengo nada que ver con este espectáculo circense». Le dediqué un guiño, un intento de complicidad que solo logró acentuar su expresión de desconcierto. Parecía preguntarse si, de alguna manera, había perdido una apuesta y se encontraba ahora atrapado en medio de mi performance literaria.

Con el libro en mano, como si fuera un escudo protector contra la incredulidad que se respiraba en la sala, lo invertí para descubrir el reverso. Y ahí estaba, ante mis ojos, como un descubrimiento arqueológico en una biblioteca olvidada: bajo el manto de la epifanía literaria. O al menos, eso pensé mientras trataba de darle un toque trascendental a la situación.

La noche ya había caído, como si el cosmos mismo hubiera decidido oscurecer el escenario para darle un toque más dramático aquella revelación literaria. O tal vez solo era el resultado de que el evento se había extendido más allá de cualquier horario razonable.

Así que, en medio de la penumbra, proseguí con mi narración, consciente de que mi público probablemente se preguntaba si aquello era una genialidad literaria o simplemente una excusa para evitar pagar la factura de la luz.

Pero, como cualquier narrador irónico que se precie, preferí dejar esa pregunta en el aire, suspendida entre las palabras y las miradas incrédulas, saboreando el misterio de una epifanía literaria que solo yo parecía entender. Y así, entre guiños y reversos de libros, un acto que bien podría haberse titulado «La epifanía nocturna de un escritor en apuros».

Feria del Libro de Miami
(primera sección vespertina)

El maravilloso festival de la literatura en Kiokos, ¡una maravilla para los amantes de la lectura y los atascos callejeros! Era un espléndido día en el que la multitud se movía como si estuvieran coreografiando una danza de «¡Vamos, esquiva al turista despistado!».

Salimos de esa isla libresca, con las manos llenas de libros como si fuéramos cargadores ambulantes. Mi compañero se transformó en Usain Bolt y, con gran énfasis, me soltó un «¡Corre, que el libro aclamado en las redes sociales está a punto de revelarse en Playa Albina!». Señaló con vehemencia hacia mis manos y exclamó con entusiasmo «¡Ese, justo, ese, amigo mío, ese es el elegido!». Mis expectativas alcanzaron niveles estratosféricos.

En el edificio 8, en la misma guarida mañanera, una multitud se agolpaba para escuchar hablar a esta joya literaria. ¿Quién sabía que un libro pudiese atraer a más gente que el mismísimo anuncio de un buffet libre de tacos? ¡Qué espectáculo tan sublime, espero no desmayarme de la emoción ante tal derroche de cultura selecta!

Ah, sí, el gran momento ha llegado. La presentación de ese magnífico opus literario, ese libro que tiene a los asistentes murmurando sobre si realmente es una obra maestra o simplemente una broma de mal gusto. Claro, la autora está ahí, imperturbable, mientras su creación reposa sobre la mesa del panel con un título tan sutil y delicado que seguro hará que los clásicos se retuerzan en sus tumbas.

¡Oh, qué maravilla de minimalismo! Un «¡Cabrón!», tan simple, tan directo, como si el autor hubiera decidido ahorrarse las molestias de buscar un título que tenga sentido o, Dios no lo permita, un mínimo de elegancia. Pero no, eso sería demasiado convencional, y aquí estamos para romper moldes literarios, ¿verdad?

Y, claro, cómo no emocionarse ante la perspectiva de derribar la tendencia kis de la literatura local. ¡Porque eso es exactamente lo que necesitábamos en nuestras vidas! Olvidémonos de la sofisticación, la profundidad y la sutileza, y abracemos el cabrón minimalismo como el faro que iluminará nuestro camino literario.

¿Qué maravillas nos aguardan entre las páginas de ese libro? ¿Acaso una revelación tan impactante que cambiará la percepción de la realidad para siempre? ¿O simplemente una sucesión de palabras lanzadas al azar con la esperanza de que algo tenga sentido al final? La intriga me consume, pero la autora está ahí, impávida, como si ya supiera que estamos a punto de presenciar la revolución literaria del siglo.

Y así, inquieto, espero ansioso que comience la función. Porque, quién sabe, tal vez después de esta experiencia, el minimalismo descarado y el uso del lenguaje más básico posible se conviertan en la norma, y todos nosotros nos arrepintamos de haber subestimado a ese ¡Cabrón! libro. ¡Bravo por la vanguardia literaria local!

Ah, qué emocionante hallazgo, sostener en mis manos semejante obra maestra literaria. La portada, tan sutil y delicada, con un ojo que me observa con la misma indiferencia con la que yo miro a mi gato mientras se lame las patas. Claro, el misterio se cierne sobre esas 60 páginas, un número tan modesto que hasta el señor del kiosko me lo daría de propina si le pidiera un chicle.

Este librito, más pequeño que mis expectativas sobre el mundo de la autoayuda, promete ser la culminación de la maestría literaria. ¡Oh, cómo ansío sumergirme en esas cápsulas de genialidad, como si fueran pastillas para el alma escritas por el mismísimo Shakespeare después de un par de copas!

La autora, en un acto de modestia que le hace honor, llamó a silencio. ¡Qué original! Supongo que para que todos pudiéramos apreciar la magnitud de su grandiosidad sin que nadie osara interrumpirla con aplausos o exclamaciones de asombro.

Y así, con la expectación elevada al nivel de un globo aerostático estratosférico, comenzó la presentación del contenido. Rogaba internamente que no fuera como esas cajas de cereal que prometen juguetes sorpresa y solo encuentras migajas de sueños rotos. Después de todo, si un «maestro» de la «literatura» lo había catalogado como relatos jamás escritos en Playa Albina, ¿quién soy yo para cuestionar semejante veredicto? ¡Ah, la literatura, ese terreno sagrado donde incluso las faltas de ortografía son señales de profundidad intelectual!

Ah, la presentación literaria, ese ritual en el que los autores se reúnen para demostrar su maestría en el arte de aburrir y confundir al público. La autora, con su lectura monótona y su habilidad para convertir las palabras en somníferos, nos guió por un viaje hacia la confusión más absoluta. ¿Por qué, oh por qué, las presentaciones son para leer los libros? No lo sabemos, pero al menos esta vez nos sirvió para entender de qué se trataban esos relatos minimalistas.

Minimalismo, la tendencia literaria de moda, donde menos es más, o al menos eso dicen. Relatos contra el gran relato, relatos postmodernos que probablemente ni los propios autores entienden del todo. Relatos que con un hachazo intentan decirlo todo, aunque al final no digan absolutamente nada. ¿De qué trataban esos cuentos? Buena pregunta. Nadie lo sabe, porque de repente todo se esfumó en un suspenso arbitrario, como si los autores hubieran decidido jugar al escondite con el sentido de la narrativa.

Ah, pero aquí está el problema de fondo con estos escritores de la vanguardia de la brevedad. Nunca calculan el fin, nunca sospechan de los pobres lectores que quedan atrapados en el laberinto de sus frases inconclusas. Son como buitres, pero no de sus propias creaciones, más bien de la paciencia y la cordura de quienes se aventuran a leer sus obras. Me levanté de la silla con la sensación de haber sido sometido a un experimento literario perverso.

Clase joyitas nos han metido por el *orto*, sin lubricante literario, directo y sin contemplaciones. Pero bueno, al menos ahora tengo una excusa perfecta para evitar futuras presentaciones de autores vanguardistas. La próxima vez, creo que preferiré enfrentarme a una colonoscopia sin anestesia.

Feria callejera de Miami

¡Qué emocionante y estimulante experiencia! Después de deleitarme con la presentación matutina de libros, mi caro amigo propuso un viaje por la tan intrigante y encantadora «Feria Callejera», con el noble objetivo de matar el tiempo antes de sumergirnos en otra asombrosa presentación vespertina. ¡Qué exquisito plan!

Nuestra travesía, que pretendía ser tan aventurera, desafortunadamente, naufragó en un mar de maleza llamado marabú, frente a un kiosco de libros que llevaba el tan evocador nombre de Furtivas Ediciones. ¡Vaya! ¡Qué destino tan exótico y atrayente! Me sentí como si hubiera sido transportado mágicamente a la isla del tesoro literario.

¿No es simplemente encantador cómo la vida nos sorprende con sus giros irónicos? ¡Una caminata que prometía tanto termina en un remanso de maleza y un kiosco con un nombre que evoca intriga! Ah, la ironía del destino.

Ah, qué maravilla de experiencia literaria en el kiosco Furtivo, el lugar donde los eruditos se codean y los títulos desbordan originalidad. La muchedumbre se agolpa como si estuvieran regalando razón y sentido común. No sé si es el aroma a papel o la sapiencia flotando en el aire, pero la emoción es palpable.

Dentro de ese recinto sagrado, más pequeño que la ambición de algunos autores, me encontré con anaqueles tropicales y exuberantes maderados. Claro, porque nada dice «intelectual» como la madera exuberante. Ahí, entre los suspiros de los lectores cultos, hallé tesoros literarios que ni en mis delirios más febriles imaginé.

«¡Cabrón!», exclamé al ver el título de un libro de relatos. Tan simple, tan directo. La sutileza literaria alcanza niveles cósmicos. Me pregunto si los relatos serán tan refinados como la elección de la palabra. Y, por supuesto, no podía faltar «Crónicas de la Pequeña Habana». ¡Ah, la pequeña Habana, esa joya literaria que aún no sabía que necesitaba en mi vida!

Hojeé esas páginas con la expectativa de un niño en una tienda de caramelos, y de repente, ¡zas!, un corrientazo de pistola recorrió mi cuerpo. Sí, amigos, porque esto no es literatura convencional; esto es literatura subversiva, tan subversiva que mi bolsillo tembló al pagar por esos ejemplares. Pero, ¿quién necesita estabilidad económica cuando se tiene un arsenal de títulos tan provocadores? En fin, que la sabiduría literaria ilumine mi camino, o al menos mi estantería.

Ah, y ahí estaba yo, plantado frente a esa colección literaria que parecía más una exhibición de trofeosególatras que una simple estantería. Libros piadosos, sí, porque claramente necesitamos que la literatura nos guíe hacia la redención, ¿verdad? Oh, y no olvidemos los rompedores, esos que rompen la barrera entre la mediocridad y la genialidad literaria, o al menos eso pretenden.

Como si esta editorial fuera la cumbre de la cultura en Playa Albina, el epicentro del pensamiento elevado, porque obviamente, los habitantes de Playa Albina solo pueden alcanzar su verdadera iluminación a través de las páginas de estos libros cuidadosamente seleccionados. Autores, poetas, cuentistas y ensayistas, todos elevados a un pedestal, como si fueran los dioses literarios que iluminan las mentes de los mortales.

Mientras hojeaba esas joyas literarias, no podía evitar maravillarme ante la grandiosidad que emanaba de cada página. O tal vez era solo el polvo acumulado, una especie de resplandor literario que solo los verdaderos entendidos podrían percibir.

En fin, era como si estuviera ante la meca de la intelectualidad, un templo de letras donde los simples mortales temen entrar, pero yo, valiente y sarcástico explorador, me aventuré a descubrir el secreto detrás de tanto renombre literario. Y aquí estaba, ante la estantería que pretendía ser el altar de la erudición, preguntándome si debería arrodillarme o simplemente buscar algo más digno de mi limitado tiempo.

Ah, qué emoción, ¿verdad? Allí estábamos, corriendo a paso de tortuga hacia la grandiosa presentación vespertina. ¡Casi las 5 de la tarde! Una hora tan perfecta para reflexionar sobre la vida, el universo y… espera, ¿era el mundo? Porque claro, el mundo es tan pequeño y fácil de entender, ¿no?

Y oh, qué sorpresa al llegar al recinto, ¡un banner! Sí, de esos que te hacen replantearte todo lo que sabes sobre la existencia humana. «Ensayos y crónicas para pensar el mundo». Qué título tan profundo, ¿verdad? Mis dudas sobre qué «mundo» íbamos a reflexionar se evaporaban. ¿El mundo de las hormigas? ¿Quizás el de los elefantes de la India? Porque claro, hay tantos mundos por ahí, no vaya a ser que nos limitáramos a uno solo.

Así que allí estábamos, listos para recibir la iluminación mental de esos tres escritorazos. ¡A pensar el mundo! O bueno, al menos intentar descifrar de qué rincón del vasto universo estaban hablando. ¡Qué intriga!

Playa Albina
(un estado de las letras)

La evolución de «Playa Albina». Parece que cada vez más se convierte en un refugio para los intelectuales y eruditos, ¿no es así? Mis últimas andanzas por esos lares me han confirmado esta tendencia. ¿Quién diría que estos enclaves costeros se transformarían en una suerte de república literaria? Es como si los pensadores y artistas se hubieran autoproclamado guardianes de un reino intelectual.

Recuerdo las palabras del Dr. Sanguinetty, siempre tan elocuente. Hablaba de este lugar como una especie de reproducción a gran escala de capital social, donde la vida académica y mundana se entrelazan de manera singular. García Vega lo veía como una especie de sociedad secreta al estilo platónico, donde los artistas y escritores sustituyen a los filósofos en el gobierno de una peculiar *polis*.

Martí, con su anhelo de una ciudad guiada por una ciencia del espíritu, buscaba una estabilidad estática. Pero, como suele pasar, la dinámica de la comunidad prevaleció, transformando ese anhelo estático en un frenesí de autoexpresión. Ahora, aquí tenemos una comunidad rebosante de sabiduría, con maestros, profesores, investigadores y oradores por doquier. Es casi como si «Playa Albina» fuera un Estado de las Letras en sí mismo… ¡una curiosa evolución, sin duda!

Para una posible crónica dominguera

El ilustre Hegel y su sofisticado lenguaje. En su magnánima obra Lecciones de estética, nos deleita con la genialidad de llamar a una situación fuera de lo común en la vida diaria como un «domingo de la vida». Porque, claro, ¿qué mejor manera de describir lo inusual que compararlo con ese glorioso día de descanso?

El domingo, según el Hegel no dialéctico, ese que se aventura en la mística de la época, resulta ser un mero espectador de la «belleza», como si contemplarla fuera la versión intelectual de echarse en el sofá y ver una maratón de *reality shows*. El arte, según él, debe darles un respiro a nuestras mentes agotadas. ¡Oh, la noble tarea del arte, protector del agotamiento mental!

Pero, como siempre, los tiempos cambian. Nuestros actuales domingos se transforman en estaciones de vacaciones, en esos días domingueros donde la única contemplación profunda es decidir qué serie ver en el siguiente maratón de *streaming*. Porque, al fin y al cabo, pensar es también una forma de celebrar.

Así que, en honor a tan elevadas reflexiones filosóficas, ¡brindemos con una suave cerveza fría! ¡Que la sabiduría fluya con cada sorbo y que el descanso epistémico sea tan refrescante como una buena birra helada en un día dominguero de pensamientos triviales! ¡Salud, oh sabios bebedores de conocimiento!

Una reseña sobre
Little Habana in nuce

¡Menudo espectáculo de la crítica literaria! El periódico
que parece más una alfombra roja para la basura, ¿no
es así? ¿Quién iba a pensar que ese relicario de los 90
y 2000 aún respira? Bueno, no lo encontré en mi puerta,
sino perdido en las profundidades de las redes sociales,
el paraíso intelectual, ¿se entiende?

Resulta que me topé con una reseña de un libro presentado en la Feria del Libro de Miami, el lugar donde los
modernos estetas y los filósofos de salón se dan cita para
debatir la profundidad de la literatura contemporánea. Y
claro, mi participación en la presentación fue toda una
hazaña que merecía ser inscrita en los anales de la historia.

Ahora, sobre la reseña, oh, es una joya. Un panegírico
deslumbrante que podría blanquear hasta la ropa sucia
en el cesto. El autor es presentado como un nuevo esteta,
¡un visionario de la palabra! Un alma filosófica que se
sumerge en los abismos de la existencia mientras nosotros,
simples mortales, apenas chapoteamos en la piscina de
las reflexiones superficiales.

Narrar literariamente, según la reseña, no es simplemente mirar. No, no. Es algo mucho más profundo. Es un
acto divino de revelación, una conexión cósmica con el
universo de las metáforas cliché y las analogías gastadas.
¡Oh, cómo hemos estado viviendo en la ignorancia todos

estos años! Quizás deberíamos empezar a ver el acto de leer como una ceremonia sagrada y a los autores como sacerdotes de las letras, iluminándonos con su sabiduría divina.

Así que, si buscan una lectura que eleve sus almas a nuevas alturas de pretensión literaria, este libro es la respuesta a sus plegarias. Y recuerden, narrar literariamente no es solo mirar, es elevarse a las alturas de la pedantería con la gracia de un pavoneo literario. ¡Qué emocionante es ser testigos del renacimiento de la literatura elevada a la enésima potencia!

Ah, la sagacidad de algunos críticos literarios. Parece que esta reseña le ha colocado al autor un sombrero de filósofo, etiquetándolo como un maestro de los tropismos al estilo de madame Sarraute. ¡Qué honor! ¿Quién no quiere ser comparado con alguien influenciado por Paul Valéry y su obsesión por las pulsiones y los estados anímicos?

Pero, en serio, ¿los relatos tienen que ser un tratado profundo sobre la estética tropológica? Parece que, para alcanzar ese estatus, estos cuentos no solo deben tocar la vida cotidiana, sino también sumergirse en la angustia existencial del narrador. ¡Claro, porque no hay nada más literario que la angustia existencial!

Digo, vincular los relatos con la mundanidad está bien, pero ¿relacionarlos también con la temporalidad interior del narrador? Parece que aquí están uniendo puntos con una cuerda imaginaria, agarrando las cosas por los pelos. ¡Que suene profundo, aunque no tenga sentido del todo!

Parece que el arte de la sobre interpretación está en pleno apogeo. ¿Quién sabe? Tal vez en el próximo análisis descubran que cada coma es un grito silencioso del narrador hacia el universo.

Ah, claro, la reseñista nos regala una joya de lógica. Por supuesto, hay una contradicción tan obvia que casi se puede palpar. ¡Bravo por esa astuta observación! La mente maestra detrás de la reseñista nos presenta la maravillosa idea de separar estilo y forma en el relato y el tropo. Pero, oh sorpresa, resulta que según la sagaz Sarraute, los tropos son nada más y nada menos que formas narrativas. ¡Qué descubrimiento! Debe ser que la lógica convencional se queda corta ante la genialidad de esa afirmación.

Ah, la tropología, ese juego ingenioso que pretende exponer a los personajes como si estuvieran de paseo por las afueras del universo, en las esquinas más recónditas. ¡Qué declaración tan auténtica, digna de un aplauso sarcástico! Claro, porque todos sabemos que, en el asombroso mundo de la vida, los personajes no son más que luces intermitentes y suspiros animados, esparciendo su brillantez y sus alientos emocionales como si fueran confeti en un carnaval existencial.

La fugacidad del instante, ese pequeño detalle insignificante, ¿quién lo necesita en los microrrelatos? Por supuesto, porque todos estamos aquí para presenciar la grandiosa acción de historias que desafían cualquier noción de tiempo y espacio. Después de todo, ¿quién se preocupa por el *tic-tac* efímero cuando estamos ocupados maravillándonos con la epopeya de lo trivial?

En fin, la afirmación de que los personajes se encuentran en los márgenes es tan auténtica como un unicornio tomando el té con el monstruo del armario. ¿Por qué

conformarse con la sutilidad cuando podemos sumergirnos en la pomposidad de la exageración? ¡Ah, la tropología, esa maravilla literaria que nos lleva a explorar los
confines de la ironía!

¿Caen los imperios, cae Occidente?

¿Estamos condenados a repetir la historia como si fuera un remix de Roma en el siglo XXI? Claro, algunos «expertos» de hoy en día sostienen que estamos en camino hacia el mismo ocaso glorioso que una vez abrazó a la majestuosa Roma.

¿Y cuál es la razón para este desastroso destino? ¡Agárrense, mortales! Los culpables son: ¡el estado del bienestar, los impuestos y el dinero! ¡Sí, has leído bien! El bienestar de la gente y el vil metal son los villanos de esta tragedia moderna.

¿Por qué se fue al garete el imperio que solía hacer temblar la Tierra? Bueno, algunos iluminados atribuyen la caída a una novedosa religión: el cristianismo. ¡Oh, sí! Según estos visionarios, el amor por el enemigo y el deseo de paz paralizaron a los romanos. Claro, porque los godos, vándalos y demás bárbaros se detienen ante el amor al prójimo, ¿verdad?

Pero espera, hay más. Los impuestos, siempre tan queridos, dejaron los campos en barbecho. ¡Qué estrategia tan brillante para una sociedad agraria! Y no olvidemos a la burocracia incompetente, ¡ese toque maestro que acaba con imperios! Las tribus bárbaras simplemente tomaron té con ellos y, ¡boom!, Roma se convirtió en historia antigua.

Sin embargo, eso es solo una parte de la historia. Resulta que la historia verdadera es mucho más jugosa.

Las excavaciones revelan que el imperio no estaba exactamente arruinado antes de su colapso, sobre todo en las afueras. ¡Ah, sorpresa! Una nueva explicación surge: las provincias lejanas se hicieron más ricas y dijeron «ciao» al control central.

Después de unos cuantos conflictos con invasores, ¡zas! Perdieron un montón de ingresos. Las élites locales hicieron migas con los invasores, que resulta que no eran tan bárbaros como se creía, ¡hablaban latín y todo! Resultado: Roma pierde una buena parte de su ingreso fiscal.

Mientras tanto, ¡oh sorpresa de nuevo!, surgió una superpotencia en el Medio Oriente, los persas. Los romanos, en su espléndida sabiduría, aumentaron los impuestos para pagar los caprichos militares. Spoiler: la cuenta no salió bien y en el 476, ¡bingo! El oeste de Roma declaró bancarrota.

¿Y ahora? Los paralelos con el presente son tan obvios como las peleas en un *reality show*. ¿El Occidente está en decadencia? ¡Por supuesto! Jóvenes con tatuajes y peinados excéntricos merodean por las ciudades. ¡Horror! Los homosexuales se casan y las mujeres tienen puestos importantes. Mientras tanto, los inmigrantes hambrientos y ávidos luchan por su supervivencia. La moraleja es clara: endurecernos y borrar esos tatuajes «despiertos» para salvar el legado de nuestros ancestros. Porque, ya sabes, eso siempre funciona.

El relato apocalíptico del fin del mundo, según los eruditos Peter Heather y John Rapley, que recientemente (2023) nos presentan una epopeya digna de tragedia griega en su obra *Why Empires Fall*. Pero, ¡alto ahí!

Antes de que nos aflijamos por la caída inevitable de Occidente, tomémonos un momento para analizar su convincente comparación entre el Imperio Romano y nuestros tiempos modernos.

Según estos visionarios, los godos no eran simplemente inmigrantes desesperados, ¡no señor! Eran fuerzas militares altamente armadas que cruzaron la frontera para mantener su elevado nivel de vida. ¿Un paralelo con la actualidad? ¡Claro que sí! La mayor migración ahora es de las zonas rurales a las ciudades costeras, pero no por desesperación, sino más bien por el deseo de tener una vista decente y tal vez un Starbucks cerca.

En el glorioso pasado colonial, Occidente podía explotar esas áreas periféricas, pero, oh sorpresa, ahora se han emancipado. ¡Las audacias de la periferia! La innovación surge allí, y un nuevo mundo está en marcha. Mientras tanto, en Occidente, apenas pueden financiar el estado del bienestar. Menos trabajadores mantienen a más jubilados, y los estados están más endeudados que un estudiante universitario con su tarjeta de crédito.

Pero, ¿qué es eso? Una nueva superpotencia asoma la cabeza: ¡China! A diferencia de la Unión Soviética, un país del Tercer Mundo con misiles nucleares, China es la verdadera competencia. Occidente debe gastar más dinero para no ser derrotado. ¡Ah, el dilema, el drama, la tensión!

¿La solución de estos profetas modernos? Gravar más a los multimillonarios y cooperar con la periferia. Nadie en su sano juicio podría objetar eso, ¿verdad? Sin embargo, aquí es donde lanzamos el primer acto de escepticismo. Comparar el Imperio Romano con el Occidente actual es como comparar manzanas con naranjas (o más bien, gladiadores con inversores de riesgo).

El Imperio Romano se basaba en el poder militar, ofreciendo a otros pueblos una elección bastante limitada. Mientras tanto, el Occidente moderno, representado por la UE y la OTAN, ¡es un festival de amor y cooperación! La UE se expande con beneficios tentadores, no con legiones amenazantes, y la OTAN es tan defensiva como una abuela con su paraguas.

Así que, en realidad, no importa tanto quién tiene más poder, si Lagos o Nueva York son más cool, o si Estados Unidos será relevante en el futuro. La verdadera pregunta es: ¿se respetarán los derechos humanos en esas ciudades del hemisferio sur? ¿Habrá elecciones libres, o nos abrazaremos alegremente al modelo chino con su mezcla peculiar de capitalismo y gobierno autoritario?

En fin, no nos preocupemos tanto por la supervivencia de Occidente. La historia de la caída del Imperio Romano, con sus eruditos aún hablando latín y las leyes residenciándose en casas romanas, nos ofrece una nota esperanzadora. Después de todo, ¿quién dijo que el apocalipsis no puede tener un toque de elegancia clásica?

Los colaterales de «Art Basel»
(Farándula)

El fin de semana pasado me aventuré desde el «rinconcito» de Boca Ratón hasta la glamurosa Miami para dar un paseo por la «famélica» alfombra del Centro de Convenciones de Miami y sumergirme en la expo de *Art Basel*. Fue una experiencia que, sin duda, iluminó mi vida cotidiana.

Aterricé en Miami y, oh sorpresa, el cielo estaba adornado con majestuosas nubes negras que se movían con la gracia de un elefante intentando conquistar la pista de baile de salsa. Resulta que esas elegantes criaturas eran nada más y nada menos que buitres. La sutileza de la analogía era tan clara como un neón en plena oscuridad.

En el mundo de Art Basel, la búsqueda de tesoros urbanos se asemeja a un juego lleno de autos más caros que mi esperanza de entender el arte contemporáneo, listas de invitados con más filtros que un *selfie* de celebridad y obras de arte con precios que podrían hacer que mi cuenta bancaria haga una mueca de dolor. Una semana completa dedicada a perseguir el esquivo arte en medio de un derroche de excesos y extravagancias. ¡Quién iba a decir que mi viaje a Miami sería una comedia de lujo y absurdidad!

En medio del tráfico, mi conductor dispara preguntas al aire con la misma certeza que un adivino al leer su bola de cristal. «¿Cuántos hoteles crees que hay aquí? ¿Y bares, restaurantes?» Asegura que suman alrededor de 13,000 en total. Le concedo el beneficio de la duda. «La gente viene a Miami por negocios; el clima está bien, pero en mi tierra natal es como sacado de una película», se ríe para sí mismo. Es griego. «Cientos de miles vienen aquí por esto. ¿Eso es por lo que estás aquí?»

Esta es mi segunda incursión en Basel. Ahora, conozco el calendario de eventos mejor que mi propio horario de comidas y he creado una detallada hoja de ruta que podría rivalizar con las instrucciones para construir un transbordador espacial. Los puentes en esta ciudad son como venas que conectan el continente con Miami Beach. Nada que ver con los elevados de acero de Nueva York, estos pasos elevados son autopistas de juguete suspendidas apenas sobre el agua. Durante las tormentas, la bahía de Biscayne se arrima tanto que parece estar a punto de darles un beso de despedida. Los atascos son monumentales, tanto que los pasajeros abandonan sus coches compartidos para hacer un viaje a pie. Saber en qué lado de Miami estar entre las 5:00 y las 9:00 p.m. es como tener el mapa del tesoro del capitán Sparrow. Los mensajes a los amigos del tipo «Esta noche, me quedo por aquí» son la norma. Si no, cruzar la ciudad te lleva tanto tiempo que te ves atrapado en la edad media.

Art Basel Miami Beach celebra sus 21 años, igualando la edad de muchos de los asistentes a las fiestas ultraexclusivas en clubes y activaciones de marcas. El evento está tan establecido que parece que llevara un traje y corbata. Margot, una violinista que toca música clásica, comenta: «Antes venía tres días. Ahora parece que el evento dura más que el último drama televisivo». Yo hablo sin parar y, en la calma de mi habitación de hotel, aún escucho el eco de la fiesta retumbando en mis oídos mientras intento conciliar el sueño.

El mercado aquí ha evolucionado. Después del escándalo de FTX, el año pasado fue como la última ola para las criptomonedas y los NFT. Este año, es un recuerdo que nadie quiere mencionar, como el peor día de la historia de un político. Ahora la novedad es la inteligencia artificial, que promete ser la estrella emergente en el mundo del arte, pero solo en el futuro, claro. Laurie Simmons, artista y fotógrafa, presenta ocho nuevas obras para la fundación YoungArts, con el respaldo de Christian Louboutin. La exposición se lleva a cabo en la Joyería del Diablo, un edificio antiguo encargado por Bacardí en 1975, con ventanas que parecen hechas con cristales de colores sacados de un caleidoscopio.

Utilizando plataformas de inteligencia artificial como DALL-E y Stable Diffusion, Simmons crea imágenes impresas en seda con toques que intentan ser originales: bordados aquí, pestañas postizas allá. Hay una sensación extraña en las obras, como ver a un niño con zapatos nuevos. Mientras más las miro, más incómodo me siento. En la noche de apertura, Simmons está vestida con un conjunto completo de azul polvo de Guild of Hands, y charlamos sobre la última temporada de The Real Housewives of New York City. Me confiesa: «Solo empecé a verlo por Jenna» (Lyons, por supuesto).

En el Design District de Miami, cada marca de lujo se pone su mejor traje para organizar eventos en sus tiendas. Los asistentes brillantes hacen cola para entrar en las boutiques, como si fueran niños en una feria de dulces. Una mujer grita al ver una lagartija corriendo hacia un arbusto. Cerca, Cartier ha montado su exposición «Tiempo Ilimitado». Una estructura de tres pisos que celebra su historia en diseño y relojería. Caminar por sus salas es como adentrarse en el interior de un joyero, lujoso y decorado con las últimas tendencias. Mientras la gente se toma fotos de los relojes, el productor de música Kaytranada hace de DJ, rodeado de tanques y bañeras Cartier, como si estuviera en un museo de arte moderno.

Cruzamos hacia las Sunset Islands, creadas en la década de 1940 por S.A. Lynch, ejecutivo de Paramount Pictures. Al salir de un Tesla, con el aire cargado de azufre, técnicamente no se me permite estar en esta mansión como «prensa externa», pero he aprendido a decir que soy una «novelista chica de fiesta». La casa es inmensa y de mármol, los camareros sirven Negronis y Manhattans ya mezclados. Con mi bebida en mano, paso junto a las celebridades y VIPs para echar un vistazo por la ventana al gallinero en el jardín. Un guardia de seguridad me informa: «Las gallinas están durmiendo». Yo respondo: «¡Deben ser las únicas en Miami que lo hacen!»

Para evitar las multitudes de 4,000 personas que esperan entrar a la fiesta de Harmony Korine y Yung Lean Boiler Room, me retiro a tiempo y me aventuro más al oeste de lo explorado hasta ahora, llegando a la discoteca El Palenque. El nombre elegido por Korine para su nuevo colectivo de diseño es EDGLRD, consolidándolo como miembro de la Generación X. Cuando el espectáculo comienza, una voz robótica proclama: «El límite todavía está allá afuera…». Dondequiera que esté, ese límite definitivamente no está aquí.

D'Ussé Cognac organiza una presentación especial con Offset en Eden Roc. Disfruto de un cognac French 75 junto a Chance the Rapper y Leon Bridges. Mientras observo a Offset actuar, solo puedo pensar en cómo ahora entiendo el atractivo de un collar de diamantes.

Como si fuera mi desafío final en Miami, me aventuro en la última fiesta de esa noche. En la entrada, me dicen sin rodeos que están a capacidad. Sin desanimarme, paso por cinco controles de seguridad agitando la pulsera de color incorrecto con confianza. Satisfecho con mi éxito, me quedo 15 minutos y regreso a casa para descansar.

Es interesante cómo la naturaleza y el comercio coexisten aquí. Algunos dicen que el comercio se anima gracias a Basel, pero al revisar la historia de la arquitectura, los museos e incluso las casas de Miami, las marcas comerciales siempre han sido parte del paisaje desde el principio. A pesar de los esfuerzos, incluso con el aumento de los niveles del mar, el comercio tendrá que ceder ante el poder de la naturaleza. La única vez que llego a la playa, agotado y frágil, un barco navega con un letrero LED flotante. Lo que debería ser una vista idílica se convierte en algo distópico. No sé los demás, pero yo prefiero mis océanos sin publicidad. ¿Habrá suscripciones para eso?

La venganza del Conde Barbatruco

Había una vez en la vibrante tierra de la Revolución Cubana, un relato que cautivó los corazones y las mentes de aquellos que buscaban algo más que la simple realidad. Era la historia de un joven abogado, un héroe en ciernes, cuya vida se desplegaba como un drama teatral en 140 interminables páginas. Oh, qué deleite para los amantes de las represalias y las tramas retorcidas. El juicio, tedioso como una conferencia sobre impuestos, mantenía a la audiencia al borde de sus asientos, ansiosos por descubrir qué nuevos giros de la trama les esperaban en esta maravillosa obsesión literaria cubana.

El héroe, condenado a quince años en un castillo costero en la isla de la juventud, parecía más una víctima de la moda que un luchador por la justicia. Pero, ¡sorpresa!, una vez en libertad, desató una venganza meticulosamente planeada, rivalizando con la toma de poder de Batista. ¡Ah, qué conveniente ese regreso a la gloria en los años cincuenta!

Y así, el cuento se desenvolvía como una versión en miniatura y moderna de la Ilíada, centrada en la venganza, según La historia me absolverá. Un héroe, un mentor sabio con lemas de teología vengativa y un montón de millones para causar estragos. ¿Quién necesita epopeyas cuando puedes tener un espectáculo de venganza terrenal en la Cuba de los años cincuenta?

La narración, maestra en exprimir la fantasía del gran público, convertía la ira divina en una fiesta de venganza terrenal. ¿Quién quería esperar a la otra vida para ajustar cuentas? La práctica del aquí y ahora, fría, pero apasionada, era el sueño hecho realidad para aquellos ansiosos de gratificación instantánea.

Ah, la venganza, esa refinada danza donde la moralidad se retorcía y el sufrimiento ajeno se convertía en el manjar exquisito de una justicia retorcida. Barbatruco, el héroe burgués con alma universal, navegaba por el drama de la venganza con la gracia de un patinador en hielo, llevando consigo las ideas de Marx como un accesorio de moda imprescindible.

En este relato épico, los humillados y ofendidos despertaban de su letargo de indiferencia, ansiosos por participar en la venganza activa. Después de todo, ser pasivo estaba tan fuera de moda como los pantalones acampanados. ¡Qué drama, qué comedia, qué… espera, ¿Shakespeare dijo eso?

El distinguido Barbatruco, antes dueño y señor del universo conocido, decidía hacer una transición espectacular hacia la miseria autoimpuesta. Un paseo del titán al harapiento, un descenso a los abismos de sus propios caprichos. ¡Qué altruismo tan deslumbrante!

La lección moral susurraba que aquellos que prosperan a costa de los lamentos ajenos están destinados a toparse con un chupasangre aún más voraz en algún momento. Incluso los explotadores más hábiles no podían escapar de su propia factura kármica.

Pero, ¡deténganse todos! No se lancen a expropiar fábricas y finanzas. La respuesta era mucho más ingeniosa: buscar el tesoro que eclipsa todas las riquezas acumuladas en las sombras de las industrias y bancos. ¿No es grandioso dejar de forcejear por las sobras y embarcarse en la búsqueda del verdadero bling-bling?

Esta magistral exposición nos arrancaba del tedioso escenario socioeconómico para sumergirnos de lleno en el hipnotizante universo de los cuentos, donde el tesoro es el monarca y la redistribución es simplemente un bufón mal pagado. ¿Quién necesita ciencia económica cuando puedes poseer un mapa del país de las maravillas y un baúl repleto de monedas que relumbran?

Suena como un drama de tercera, ¿no es así? Un banquete de egos inflados y teatralidad hiperbólica. La crítica económica disfrazada de cuento de hadas, como si el dinero fuera el elixir de la eternidad. ¿Quién necesita juramentos cuando se puede tener satisfacción personal a medida?

Y así, el intrépido Conde Barbatruco, con su sagacidad maestra y su capacidad para torcer los destinos a su antojo, nos conduce a través de un carrusel de absurdos. Abandona la causa noble, esa aburrida cruzada por la justicia, y se sumerge en un baño de autocomplacencia, como si la venganza fuera el perfume de moda en la alta sociedad. ¿Quién necesita juramentos cuando se puede tener satisfacción personal a medida?

El lector perspicaz, aquel que no se deja engañar por las ilusiones románticas, se apega al empecinado, al que abandona la cárcel con sed de venganza, aferrándose a la ira como si fuera una bebida exclusiva en un club de élite. Este individuo valora los sueños de Fidel Castro en las tardes habaneras, leyendo El Conde de Montecristo como si fuera el último chisme de la jet set. ¡Ah, qué ironía, qué moraleja tan retorcida para aquellos que buscan redención en un mundo de intrigas y falsas aspiraciones!

Y así, la Cuba totalitaria dirigida por el Conde Barbatruco se revela como un final digno de una novela, pero qué distorsión tan exquisita. ¡Oh, la maravillosa obsesión literaria cubana!

Ser o no Ser

La literatura, ese sublime campo donde algunos escritores, en un acto de originalidad sin precedentes, aspira a ser la reencarnación de Kundera, Solzhenitsyn o Pasternak. ¡Qué ambición tan refrescante! Porque, naturalmente, imitar a héroes antitotalitarios es una novedad en el mundo literario, tan desprovisto de copias y clichés.

Estos escritores, con sus modestas creaciones que apenas logran sostenerse en pie, parecen estar convencidos de que una editorial importante está al borde del colapso, desesperada por publicar sus «libristos». Es conmovedor ver cómo luchan por jinetear reconocimientos, como si el mundo editorial fuera un rodeo y ellos, valientes cowboys de la palabra escrita.

Y qué decir de su anhelo por el reconocimiento (certificados, diplomas), esa fruta prohibida que, según ellos, sólo se alcanza tras un arduo proceso de autopromoción. Ignoran, con esa inocencia tan característica, que la verdadera calidad literaria no necesita de semejantes artimañas. La grandeza literaria, como todos sabemos a la que llegó Kundera, llama a tu puerta mientras te sientas tranquilamente, sin hacer esfuerzo alguno.

En fin, dan cierta pena, aunque de una forma entrañable. Como esos pequeños que se visten de superhéroes (formando filas en clubes y en uniones de escritores) convencidos de que pueden volar. Al final, uno no puede

más que sonreír ante su adorable persistencia y esperar
que, algún día, comprendan que la literatura, esa esquiva
dama, elige a sus amantes no por la fuerza de sus esfuerzos, sino por la sinceridad y la profundidad de su arte.

¡Cabronsón!

«Playa Albina», ese bastión de la cultura donde un diminuto libro de 60 páginas es elevado a la categoría de reliquia literaria, un objeto de culto para los iniciados en las artes de leer entre líneas… que no dicen nada. Sí, ese libro, un titán en formato de bolsillo, ha causado una conmoción en el mundo de las letras, o al menos eso jurarían tres críticos que probablemente encuentran profundidad en las instrucciones de un microondas. Cada reseña, un despliegue pirotécnico de palabras vacías, un ejercicio de malabarismo que logra la proeza de convertir el vacío en arte. ¡Bravo!

Y luego, la inolvidable feria del libro en Miami, donde nuestro pequeño héroe de papel se enfrentó a su archienemigo: el crítico literario, ese ser despiadado que osa cuestionar el valor intrínseco de las páginas sagradas. El drama fue tal, que se convocó a la caballería literaria, tres paladines armados hasta los dientes con figuras retóricas y escudos de referencias oscuras, listos para defender a este coloso de la narrativa de cualquier opinión adversa.

El contenido del libro, por supuesto, es una obra maestra de la ambigüedad. Cuentos, mini cuentos, micro cuentos… una forma poética de decir que cuando la sustancia es escasa, lo mejor es apostar por la brevedad. Los cuentos parecen encogerse, no por falta de ideas, sino como un acto de rebeldía contra el exceso.

Y ahí están sus fervientes defensores, cada uno en un frenesí de elogios, repitiendo como loros la idea de que «Cabrón» es un libro extraordinariamente «cabroncito». Una línea digna de ser grabada en los anales de la crítica literaria, un testimonio de la capacidad humana para encontrar genialidad en la mediocridad. En el reino de las letras, a veces menos es más; otras veces, es simplemente un glorioso ejercicio de hacer mucho con muy poco… o de hacer nada con nada en absoluto.

En la fascinante contraportada de «Cabrón», se nos ofrece una sinopsis que podría ganar el Premio Nobel de la Obviedad. Aquí, los protagonistas de los minicuentos, esos pobres mártires de la narrativa, son presentados como los eternos olvidados de la literatura, excluidos con una crueldad digna de un melodrama de telenovela. ¡Oh, la humanidad!

Nos cuentan, con un dramatismo que haría llorar a un cactus, cómo esta «historia de la gente sin historia» es un concepto revolucionario, nunca antes visto en los anales de la literatura (excepto, por supuesto, en los otros diez mil libros que han tratado el mismo tema). Nos venden esta idea como si fuese la última Coca-Cola en el desierto, ignorando que es más vieja que andar a pie.

La sinopsis nos asegura, con una seriedad que casi se puede palpar, que estamos ante una obra que romperá las cadenas de esos pobres personajes marginados, liberándolos de la esclavitud de ser ignorados por esos escritores snobs que prefieren hablar de gente interesante. Porque, evidentemente, lo que el mundo literario estaba esperando era otro libro que tratase sobre la vida de Juan Nadie y su emocionante rutina.

En fin, prepárate para una experiencia literaria que promete ser tan única y original como un episodio de un reality show. «Cabrón», el libro que se atreve a contar lo que nadie más ha contado… excepto todos los demás.

La Caperucita Roja en medio de un "asere" y un "tigre"

La literatura moderna, ese flamante bastión de originalidad donde las «obras maestras» brotan como setas después de la lluvia, aunque curiosamente, sean tan leídas como los términos y condiciones de una red social. Y ahí tenemos esa novela, con un título tan pegajoso como un número de seguro social, zambulléndose en Santiago de Cuba y la Española con la precisión de un GPS sin señal.

Con sus 300 páginas de glorioso texto, la obra es un monumento al insomnio, guiando al lector a través de un laberinto de coloquialismos tan auténticos que casi puedes escuchar el crujir de dientes del confundido lector. En efecto, es un desfile de palabras que dan vueltas como bailarines de break dance en una competición.

¡Ah! Y la trama, ese enigma embrollado que captura la atención del lector con la misma eficacia que un anuncio de teletienda a las tres de la madrugada. Nos presenta un duelo épico, no entre titanes o semidioses, sino entre dos personajes tan caribeños como el ron y el reguetón. Un choque de titanes: un artista y un empresario, un comunista y un capitalista, en una mezcla tan coherente como un cóctel de caviar y cola.

Esta novela, cuyo nombre se desvanece más rápido que la dignidad en un reality show, es un tesoro para aquellos con un paladar exquisito por lo incomprensible, un amor por los callejones sin salida narrativos, y una paciencia de santo. Un manjar para el lector audaz que se deleita perdiéndose en el enigma de la prosa moderna.

Prepárense para el plato fuerte de la trama: un festín de tensión donde los personajes (o lo que sea que se les pueda llamar) compiten por el afecto de una dama, una especie de Caperucita Roja con un toque tropical. Pero cuidado, no es una damisela cualquiera. Es una metáfora con piernas, un cebo para almas perdidas, arrastrándolas en un crucero por el Caribe, porque, ¿dónde mejor que en un crucero para narrar una historia de globalización y desidentificación?

Aquí está nuestra heroína, la musa del melodrama, portadora de una trama tan vibrante como un episodio de reality show. Esta dama, más influyente que un influencer en Instagram, aviva con su mera presencia esos sentimientos tan humanos como un culebrón de sobremesa: celos y codicia. Y nuestros protagonistas, el comunista, con una pereza que merece un Guinness, y el empresario, un modelo de humildad, como un pez globo en pleno hinchazón.

Pero la sorpresa viene cuando nos damos cuenta de que estas cualidades no son exclusivas de los personajes. El autor, en un giro digno de un guion de telenovela, parece haberles impregnado de su propio ser. ¡Qué destreza narrativa!

Y así llegamos al Caribe, ese escenario astuto, tan profundo y complejo como un episodio de «Dora la Exploradora». La comparación con un bazar de barrio es, por supuesto, el pináculo de la sutileza narrativa. ¿Para qué acudir a Proust cuando tienes un colmado caribeño?

Me pregunto, entre la admiración y un sutil dolor de cabeza, si la supuesta genialidad de esta obra podría alguna vez ser contenida en un vaso de plástico, mezclado con un refresco local. ¿Será esta la nueva tendencia en maridaje literario? Como diría un sommelier con resaca: «Bueno, ¿por qué no?»

Aquí tenemos al artista, ese camaleón de la creatividad, capaz de pintar un Monet con los colores del capitalismo. ¡Oh, esa astucia caribeña! Transformándose en un hombre de negocios tan respetable como un gato en una misión de caza. Y qué presa: la damisela, reducida al trofeo de una subasta silenciosa. ¡Que gane el mejor! Después de todo, ¿quién cuestionaría la sabiduría del libre mercado?

Luego, la transnacionalidad, esa palabra que suena a teoría conspirativa, pero que aquí significa un viaje místico de un lugar a otro, tan convincente como un episodio de «Lost«. ¿Geografía y cultura parecidas? El eterno juego de las sillas de la identidad cultural. Y en este vaivén, ¡sorpresa! El amor florece. Caperucita huye del cuento para encontrarse con el lobo en el Caribe, o ¿era al revés?

No podemos olvidar el «catauro de trigre«, esa colección de perlas lingüísticas que captura la esencia del habla caribeña. Porque, ¿qué sería de nosotros sin ese ingenio popular? ¡La ironía de pensar que, en medio de este embrollo de arte, negocios y amor transcontinental, lo que realmente nos engancha es el poder de unas palabras bien hiladas!

Pero la ironía final, esa que haría reír hasta al crítico más severo, es el éxito comercial de esta obra. Este coloso literario, con todas sus pretensiones y exotismo tropical, ha logrado la proeza de vender menos que un manual de instrucciones en una librería. En un mundo donde hasta los folletos publicitarios tienen su público, este logro es digno de un aplauso… o de una lágrima. Pero no desesperemos, siempre hay un rincón para lo incomprensible. Tal vez, en un futuro lejano, esta novela sea redescubierta y alabada como una obra maestra incomprendida. O quizás, y esto es solo una hipótesis, siga vagando en el olvido, como un crucero fantasma en el vasto mar del Caribe literario.

¿La nueva casta literaria
en Playa Albina?

¡El teléfono! Ese magnífico artilugio de comunicación que se toma la libertad de interrumpir nuestro sagrado tiempo. ¡Oh, mi querido amigo de Miami! ¿Qué sería de la vida sin esas llamadas que te dejan en vilo, como si estuvieras a punto de resolver un enigma de proporciones épicas?

Desde Boca Ratón, donde la distancia es tan permeable como una bolsa de papel bajo una tormenta tropical, mi estimado amigo decide hacer su entrada triunfal. ¿Y adivinen qué? ¡Tiene planes! ¡Planes fascinantes, por supuesto! Un fin de semana en Playa Albina, con una lista interminable de eventos en el horizonte. Entre ellos, y aquí viene lo más emocionante, ¡un evento literario!

Y no, no se trata de un simple documental, ¡es mucho mejor! ¡Una fiesta de la poesía! Sí, leyeron bien. Una fiesta. De. La. Poesía. Convocada por un trío que suena más a una combinación de nombres de película: Fundación Cuatro Gatos, la editorial Furtivas y la sede que se pavonea como la anfitriona principal.

¡Artefactus nuevamente en escena! ¿Qué nos traerán esta vez, se preguntarán ustedes? ¿Otro documental, quizás una exposición de arte desafiante? No, no, ¡demasiado mundano para un viernes! Esta vez, prepárense, porque van a elevar la apuesta: ¡una fiesta poética organizada por un grupo con nombre de cuento infantil, una editorial que suena a algo que esconde bajo la mesa y una sede que se viste de anfitriona presumida!

Parece que el viernes estará repleto de versos y rimas, pero, ¿quién sabe? Tal vez hasta se atrevan a recitar poesía de gatos en el espacio, ¡todo es posible en el deslumbrante mundo del glamour literario!

Ah, la emocionante odisea de poner rumbo a Miami en mi flamante camioneta. ¿Quién hubiera pensado que a las 3 de la tarde comenzaría esta nueva oportunidad de sumergirme en la «movida cultural y literaria» de Playa Albina? Diez años después y aquí estoy, como un explorador renacido en el universo de la erudición y el arte.

Por cierto, ¿han oído hablar de Playa Albina? Esa joya mencionada repetidamente en el misterioso mundo de Facebook. ¿No les parece encantador? Un nombre tan adecuado para describir cómo un antiguo páramo cultural ha mutado hacia algo que ahora presume ser un paisaje encantador. Es como si le hubieran pasado el rodillo mágico del progreso y ¡voilà!, ¡una playa cultural emergió de entre las cenizas del olvido!

Ahora, ¿qué me deparará este viaje hacia el corazón cultural renovado? Estoy más emocionado que un niño en una juguetería. Es tiempo de ver si este renacimiento de Playa Albina realmente vale la pena o si solo es un espejismo digital creado para satisfacer nuestras ansias de cultura y esnobismo literario.

Ah, sí, la visita del fin de semana pasado, un episodio digno de anotar en mi diario. ¿Adivinen qué descubrí? ¡Un cambio de paradigma! Sí, así como suena, como si las musas literarias hubieran decidido reinventar el mundo de las letras. ¿Cómo lo supe? Bueno, déjenme contarles: nuevas editoriales pululaban por doquier, como hongos después de la lluvia. Las tertulias literarias, esas reuniones donde uno comparte café, palabras cultas y aires de intelectualidad, se disipaban como el humo de un cigarrillo.

Y lo más inaudito de todo, algo que jamás creí posible en este universo literario: ¡una nueva casta! ¡Sí, leyeron bien! Una casta literaria emergiendo en torno a la feria del libro y sus compinches. Es como si las deidades de la literatura se hubieran reunido en un consejo secreto y decidido: «¡Creemos una élite literaria y llamémosla… emarigia! Porque, ¿por qué no complicar un poco más las cosas?»

Mientras merodeaba entre los puestos de la feria del libro, como si estuviera en una expedición antropológica, me topé con esta nueva élite literaria en pleno apogeo. Parecían estar tramando desde las alturas de su pedante pedestal cómo dominar el mundo literario, o quizás solo disfrutaban de la sensación de pertenecer a una élite que solo ellos comprendían. ¿Serán los salvadores del mundo literario o la perdición? Solo el tiempo lo dirá, mientras yo me mantengo expectante ante este espectáculo de egos y enredos literarios.

La escepticidad siempre se une a los incrédulos en su peregrinación hacia los templos culturales. Así, junto a mi amigo, llegamos una vez más a Artefactus, mi segundo hogar cultural. Nos encontramos con una escena digna de una reunión de poetas en éxtasis literario: almas expectantes listas para declamar sus versos, ansiosas de compartir reflexiones profundas y metáforas deslumbrantes.

Lo más curioso estaba por desplegarse ante nuestros incrédulos ojos: una publicación digital presumiblemente épica, titulada con pomposidad «Poesía escrita desde Miami». ¡Vaya novedad! Un grupo de individuos, probablemente salidos del mismo nido y pertenecientes a la misma escuadra guerrillera del triunvirato literario, emergían como los nuevos emperadores literarios en pleno apogeo.

Esto me recordaba a un Kisch a la Roma imperial, donde el poder recaía en los intelectuales más avezados y comprimidos en almidón. Como si estuvieran marcando territorio en el vasto mundo de la literatura, estableciendo dominios y proclamando con fervor: «¡Nosotros somos la cima, los elegidos, los que dictaminan qué es poesía y qué no lo es!»

Es fascinante cómo el poder literario puede emular los juegos de la antigua Roma, con intrigas y ostentación. Me pregunto si estos nuevos Césares literarios serán recordados como visionarios o simplemente como más mártires del ego desmedido en el mundo de las letras.

Las paredes del santuario literario temblaban, ¡cada poema leído era como un petardo de dinamita espuria anunciando el nacimiento de la nueva casta de literatos en Playa Albina! Esas presentaciones, repletas de poemas que podrían calificarse como «mediocres» siendo generosos, me hicieron recordar que la periodización es posible incluso en el mundillo literario.

Con cada expresión de estos poetas, pude percatarme de su poderío aristocrático, pero con una amplia dosis de ennoblecimiento popular que ansía el poder absoluto del arte y la literatura en Playa Albina. Parece que están decididos a instaurar una monarquía poética, con las Furtivas como la reina soberana y sus chicharrones como los fieles escuderos, listos para conquistar el vasto territorio de la cultura.

Mientras escuchaba esos poemas, no pude evitar preguntarme si estamos siendo testigos de la formación de la élite literaria definitiva, una que fusiona la altivez aristocrática con la ambición popular, todo bajo la bandera ondeante de las Furtivas. ¿Será esta la era dorada de la literatura en Playa Albina, o simplemente otro capítulo en el libro interminable de la pomposidad literaria? ¡Oh, qué emocionante es contemplar el desfile de egos literarios en su máximo esplendor!

Oh, la insoportable ridiculez. Ni siquiera un par de poemas pudieron calmar mi ansia de espectáculo literario. En lugar de vanguardismo diestro, lo que emanaba era una especie de fetidez imperdonable que llenaba la sala, como si estuviera poblada por escolares en algún taller literario de aprendices conmovidos por la grandiosa misión de demostrar que ellos, sí, solo ellos, atesoraban un baúl de palabras para la posteridad. ¡Qué conmovedor!

Después de soportar esa muestra de egos hinchados y metáforas que harían llorar a una piedra de lo obvias que eran, decidí que mi salud mental valía más que cualquier presunta joya literaria que pudiera surgir de ese aquelarre de pseudo-poetas. Me levanté de la silla y me fui, como un náufrago abandonando el barco antes de que se hundiera por completo.

¿Quién necesita quedarse a presenciar el desfile de pretensiones literarias cuando se puede disfrutar del aire fresco fuera de ese templo de autoindulgencia poética?

Dejé atrás el aroma a palabras pretenciosas y me dirigí hacia la libertad, preguntándome si, quizás, mi tiempo hubiera sido mejor invertido leyendo las instrucciones de una caja de cereal. Pero bueno, al menos no me quedé para ser testigo del desfile de la autoafirmación lírica en su máxima expresión. ¡Hasta la próxima ola de egos literarios, Playa Albina!

Artefactus y la lengua quebrada de Lezama

Qué emocionante es regresar a mi querido Boca Ratón después de una semana en el glamuroso Miami, donde me sumergí en los eventos de la feria del libro y otros acontecimientos relacionados con el deslumbrante mundillo del arte y la literatura. ¡Qué diferencia abismal entre la opulencia de Miami y la tranquila monotonía de Boca Ratón, la joya olvidada de la Florida!

En Miami, me sentí como una estrella de cine de tercera categoría codeándome con las élites culturales, mientras que, en Boca Ratón, mi mayor logro es recordar dónde dejé las llaves del auto. La feria del libro fue un desfile de egos inflados y escritores que se autoproclaman genios literarios, como si sus palabras fueran la clave para resolver los misterios del universo.

Miami, la ciudad del exceso y la exageración, donde cada evento literario es tratado como la resurrección de Shakespeare. En Boca Ratón, en cambio, la gente se emociona si hay un nuevo sabor de helado en la tienda local. ¡Oh, la sofisticación de la gran ciudad comparada con la sencillez de mi apacible hogar!

Y qué decir del «esplendoroso mamidad del arte y la literatura» en Miami. En Boca Ratón, nuestra idea de arte innovador es cambiar la decoración de la sala de estar cada década. Aquí no nos complicamos la vida con conceptos abstractos y profundidades filosóficas; preferimos la simplicidad de nuestras conversaciones sobre el clima y los jardines.

Así que aquí estoy, de vuelta en mi amado Boca Ratón, donde la vida es tranquila, los eventos culturales son más escasos que una dieta sin carbohidratos, y la feria del libro más cercana es la estantería de ocasión en la librería local. ¡Ah, la dulce monotonía de mi vida en este paraíso olvidado!

Ah, qué emocionante día aquel en que mi gran amigo, el autoproclamado guía cultural, me extendió la extravagante invitación de acompañarlo a la proyección de un documental sobre el ilustre Lezama Lima. ¿Cómo resistirse a semejante oportunidad de sumergirse en las profundidades del conocimiento literario? La noticia, claro está, me llegó a través de una de esas inagotables fuentes de sabiduría contemporánea: las publicaciones efímeras de Facebook destinadas a mantener a los escritores y artistas al tanto de los acontecimientos en la patria dorada de los cubanos.

El escenario de tan esperado evento llevaba el sugerente nombre de Artefactus Uno no podía evitar imaginar un lugar lleno de magia cultural, donde las mentes brillantes se congregaban para rendir homenaje a la genialidad literaria. La expectación crecía a medida que nos adentrábamos en esa sala íntima, que parecía acoger a varias docenas de almas ansiosas de sabiduría. El momento estaba por llegar; la lengua desbordante de Lezama estaba a punto de cautivarnos.

De repente, un joven ataviado con el característico atuendo de vaquero y zapato popis se erigió en el epicentro de la sala y, como si de un profeta moderno se tratara, comenzó a soltar la lengua. La lengua del chico guapo, convertida en portavoz, nacionalizó la biblioteca dragón del rechoncho Lezama para lanzar un ataque fulminante contra el globalismo, ese oscuro animador de la agenda 2030. La ironía alcanzó nuevas alturas cuando el Lezama nacionalista anti-globalista emergió del documental, cuál personaje de leyenda, en respuesta al gesto misterioso del joven de apariencia gigoló, quien parecía canalizar a una especie de Bablaski versión esotérica, dando inicio así al tan ansiado documental. ¡Ah, las maravillas de la literatura y sus entrelazadas conspiraciones comenzaron a despejarse!

¡Vaya espectáculo! El público, con los ojos casi desencajados, parecía hipnotizado por la genialidad del cineasta, quien desplegaba su técnica narrativa y visual con la gracia de un equilibrista en un circo. ¿Muelle y alambres conectando la pantalla? ¡Claro, por qué no! Una maravilla moderna, sin duda. Y allí está, el gigante de la rapsodia para el mulo. Sí, ¡un mulo! Un mulo tan trabajador que casi exigía a gritos borrar la imagen de conejos degollados de la mente de los espectadores.

El público, con la boca seca y los ojos brillantes, parecía revitalizarse con el humo perfumado que flotaba en el aire, como si fuera una neblina de chismes de tabaco al estilo de Lezama. Ah, sí, como el «Ubú rey» de la literatura cubana. Porque, claro, ¿qué sería del arte sin sus extravagancias y su deliciosa ironía? Lezama es mucho Lezama.

La maravillosa experiencia de presenciar un documental sobre Lezama Lima, esa mente maestra cuyas conexiones con el globalismo de la agenda 2030 son tan claras como el agua en el desierto. Todo un enigma, ¿no es así? Uno se encuentra con la fascinante incógnita de qué contribuciones pudo haber aportado este ilustre escritor al nacionalismo patriótico de Cuba. Un rompecabezas intelectual de proporciones épicas, sin duda alguna.

Los entrevistados, con su sabiduría sin par, se sumergieron en la tarea titánica de explicar por qué Paradiso representaba un texto peligroso para el régimen cubano, ignorando convenientemente los días en los que el querido gordito Lezama fungía como el arcángel protector de la revolución. Una ironía sublime que logra dejar perplejo hasta al más avezado de los intelectos.

¿Comprensión? ¡Bah! Eso sería pedir demasiado. Un aburrido Lezama y sus fieles entrevistados, ansiosos por reclamar su parcela de amistad con el escritor, mientras yo me retiraba, decepcionado y confundido. ¿Discutir acerca del sistema poético del mundo y la expresión americana? ¡Claro que no! Demasiado mundano para tan selecto grupo de mentes superiores, ¿no les parece?

Duanel a carga

Me hallo inmerso en el disfrute de la encarnizada contienda que se libra en Facebook, protagonizada por nuestro esteta de Las Vegas, el señor Rococó, y el maestro de ceremonias de la Casa de los Borrachos en Miami. Al parecer, se baten en duelo por el título del creador más legítimo detrás de la idea de una Convención. Les garantizo un análisis más meticuloso de esta saga para sumergirnos en este enredo que promete ser tan emocionante como una telenovela de acción.

No obstante, permítanme hacer una pausa para saborear otro acto de esta farsa literaria: la entrada triunfal de otro paladín del ceremonial, García Vega, defendido en las páginas virtuales de Rialta ante los dardos envenenados de Duanel Díaz. Sí, Pablo de Cuba no ha querido perderse esta contienda y ha calzado sus zapatillas Ponte-Veguita.

Tras bambalinas, Pablo de Cuba y Duanel dieron vida al sello editorial Casa Vacía, un proyecto que, irónicamente, hace honor a su nombre en cuanto a creatividad se refiere, tanto en portadas como en interiores. El dúo se disolvió, víctima de sus irreconciliables diferencias estéticas, o quizás, simplemente, porque no podían ponerse de acuerdo en el color de las cortinas.

Duanel, ensayista de maratón, contrasta con Pablo de Cuba, más inclinado a los sprints literarios y a la escritura de diario de viaje, al estilo de una Lorenciana tropical, aunque con guiños a la poética lezamiana. Digamos que es una mezcla peculiar, con un pie más hundido en el lorencismo.

Con una pizca de audacia (y escasez de originalidad), Pablo ha lanzado su propia revista digital, "Parva Forma", una oda a la escritura en cápsulas y fragmentos que sospechosamente recuerda a la estrategia de Lorenzo de escribir en cajitas. Innovador, ¿verdad?

Y cómo olvidar a la venerable reliquia, Prats Sariol, ese camaleón que transita con astucia entre ambas corrientes estéticas, motivado, al parecer, por arrebatos de amor juvenil.

Sin embargo, lo que realmente resalta en este festín de neoescritores cubanos, estos pequeños genios alrededor del torbellino del 'cristal que se desdobla', es su predilección por la escritura de viaje y los diarios personales.

Una clara señal de su perpetua adolescencia literaria, incapaces de aventurarse en ensayística y narrativa de largo aliento. Al parecer, caminar con los zapatos de Nietzsche y Cioran les resulta una tarea titánica.

Una portada nefasta

Sí, claro, querido, tienes toda la razón del mundo. Los libros, al salir al mundo, deberían ser como guerreros audaces, ¿no crees? Defendiéndose por sí mismos y conquistando corazones. Pero, ay, el problema es cómo lo hacen… Si sigo topándome en las redes con estos desatinos editoriales, voy a necesitar un desfibrilador.

Es inaceptable que un libro, presumiblemente impregnado de elegancia y deleite, y próximo a presentarse en una feria del libro en Tampa, tenga en su contraportada un mamotreto que te deja ciego de tanto texto. ¡Una avalancha de palabras que no respeta límites! ¿Dónde quedaron la moderación, el minimalismo, la precisión que tanto amaba el gran Borges? ¿Por qué el ansia de contar todo, cuando un simple párrafo de 70 palabras bastaría para dejarlo claro?

Y ni siquiera voy a mencionar el desastre que es la tipografía, pero permíteme ofrecerte una sugerencia para embellecer esa contraportada: ¡solamente una sinopsis concisa y fuera con la foto y la biografía del autor! Que ambos ornamentos del ego se trasladen al interior del libro. Queda tiempo para corregirlo y que ese espacio se llene de poesía y libertad, ¡algo que La Patrocinadora seguramente apreciará!

La editora de hierro en Artefactus

Claro, tenía muchas ganas de hacer una escapada a Miami desde mi fortaleza en Boca Ratón y disfrutar de un fin de semana repleto de eventos literarios fascinantes. Sin embargo, sorpresa, la vida decidió jugar con los percances personales y me dejó con el plan sin realizar. Afortunadamente, las redes sociales se convirtieron en mi ventana al glamuroso quehacer de los eventos literarios sin tener que moverme de mi sofá.

En algún post anterior (¡qué memoria la mía!), prometí que explicaría con lujo de detalles las peripecias del viernes y sábado literario miamense: una tertulia de presentación de libro en "Las Cuatro Esquinas de las Balas", una reunión literaria en la "Casa de los Borrachos" y la presentación del catálogo editorial de una destacada editorial.

Lo más electrizante de esa jornada (quiero comenzar la crónica dominguera por aquí) ha sido el revuelo mediático ocurrido en la sede de Artefactus. Así que aquí estoy, frente a mi laptop. Enciendo un puro (porque la ocasión lo requiere, obviamente) y me sirvo una copa de vino para darle el toque de sofisticación que este relato merece.

Desde la noche a la mañana, Artefactus se ha transformado en el epicentro donde unos cuantos escritores (y digamos que solo un par de ellos pueden alardear de ser de medio pelo) se han juntado alrededor de la editorial

Furtivas, dirigida por una exmodelo de pasarela que, al parecer, descubrió la fórmula mágica para pasar de desfilar vestidos a editora en un abrir y cerrar de ojos. Con todo el esnobismo que lo caracteriza, el grupo se erige como la nueva aristocracia literaria de los círculos mediáticos.

En esta peculiar ocasión, la Fundación Cuatro Gatos, liderada por un escritor que parece necesitar un par de tazas de café más en su vida, reta al glamoroso mundo editorial de Miami con una entrevista a la encantadora editora de acero, instándola a compartir sus elevados conocimientos sobre un catálogo que, por supuesto, no debe superar la modesta cifra de 20 títulos. Un catálogo tan selecto y refinado, poblado por autores de renombre y abolengo, que parece destinado a recordarles a las demás editoriales cubanas que en Furtivas no solo se trata de una reina, sino de la indiscutible soberana del "solo tuyo es el reino".

El señor entrevistador, que tan diligentemente colaboró con aquellos que, caprichosamente y sin ningún criterio de selección, dictaban quiénes se presentaban en la Feria del Libro de Miami, ahora nos sorprende con su llegada triunfal a Furtivas, como si de la única y excelsa editorial se tratara, menospreciando así dos décadas de arduo trabajo editorial en Miami. ¿Y qué nos depara el futuro? ¿Será que nuestro amigo ha decidido cambiar de camarilla, pasando de Cuatro Gatos a Furtivas? Desde la Feria del Libro del 2022, esa alianza omnipotente ya se vislumbraba con claridad.

Aunque no puedo evitar aplaudir sarcásticamente el arte aceptable de los libros de esta editorial, me veo en la necesidad de señalar que existen otras editoriales en

Miami con un rango de producción y calidad que podrían considerarse superiores; solo por mencionar algunas, Alexandria Library, Voces de Hoy, Entre Líneas, La Universal, Iduna, entre otras de creación más recientes.

Sin embargo, parece que a nuestro distinguido señor no se le ocurre la grandiosa idea de hacer alguna presentación sobre estos catálogos editoriales con más de 10 años de experiencia. Claro, porque este señor se deja deslumbrar por nombres y vacas sagradas. ¿Quién le susurró al oído que Carlos Pintado era un poeta de renombre? ¿Y quién le asegura que el tal Pequeño es un narrador digno de atención? Y qué decir de Kosser, ¡una vaca sagrada en estado de descomposición! Por si fuera poco, lo inapropiado es creer que Legna es una escritora vanguardista y de estilo inédito. Mi apuesta segura está únicamente en el joven Evelio Traba, ¡ese sí que es un diamante en bruto!

Queridos lectores, permítanme la osadía de señalar que estamos experimentando una 'nueva etapa' en el fascinante mundo literario y editorial de Miami. Una etapa que, según parece, debería ser 'con todos y para el bien de todos', aunque quizás alguien olvide incluir en la palestra pública las instrucciones para entender tan noble propósito.

El señor Rococó

Qué divertido es contemplar las piruetas de la hipocresía en su máxima expresión. El señor Augusto Lemus, ese conspicuo miembro de la "neo burguesía intelectual rococó" (que no tuve el honor de conocer), ha decidido, con toda la pomposidad que le caracteriza, bloquearme en Facebook. Ya no soy su fan, su seguidor. ¡Qué honor tan inesperado!

Resulta fascinante cómo este guardián de la ortodoxia literaria cubiche se desmorona ante la mínima disonancia. Parece que la piel de este supuesto intelectual de pacotilla es más fina que la del papel de cartucho. ¿Una crítica editorial constructiva? ¡Dios nos libre! Simplemente, me atreví a realizar una crítica editorial, utilizando la portada de su libro como ejemplo. Pero este señor rococó prefiere vivir en su torre de marfil, imperturbable ante cualquier asomo de discrepancia.

Y no puedo evitar reírme al ver cómo se pavonea en las redes sociales. ¡Qué espectáculo tan patético! Uno podría pensar que está interpretando el papel de gran genio incomprendido, cuando en realidad es poco más que un bufón disfrazado de erudito.

Al explorar su perfil en Facebook, uno descubre las grietas en su fachada de autoridad. Qué delicia constatar que el rey desnudo no es más que un charlatán disfrazado de emperador.

¡Señores y señoras, aplausos para la farsa!

La trifulca

¿Se leyó, querido lector, la trifulca de los intelectuales cubanos? ¡Qué deleite es observar el fascinante mundo de la pomposidad literaria! ¿Quién diría que el centro de atención esta semana en Facebook sería el extenso ensayo de 119 páginas sobre el venerado escritor de culto Lorenzo García Vega, publicado por Duanel Díaz en la revista Academia?

Nuestro querido crítico, Prats Sariol, una vaca chatarra, no tardó en desatar la tormenta al compartir el texto de Duanel en su muro de Facebook, agregando su toque personal de sarcasmo y desdén hacia el desafortunado "Veguita". ¿Qué gesto más valiente y original, verdad?

Pero claro, no podemos olvidarnos del inigualable Gabor-Ponte, cuya respuesta fue un despliegue de ironía defensiva. ¡Todo un espectáculo ver cómo esquivó la crítica con tanta gracia y estilo! Aunque, según parece, Duanel en su ensayo no dejó títere con cabeza y Ponte terminó más desaliñado que nunca.

¿Y qué decir del pulso entre los seguidores? ¡Una verdadera batalla campal en la arena digital! Con Sariol obteniendo unos modestos 12 likes y Ponte arrasando con más de 100. Quién lo diría. Parece que el culto a la personalidad aún tiene su lugar en este mundo literario tan ilustrado.

Pero dejemos las nimiedades estadísticas a un lado y centrémonos en el meollo del asunto, ¿verdad? Porque al final del día, lo realmente importante es el mensaje revelador que nos trae el ensayo de Duanel. ¡Qué visión tan esclarecedora sobre el estado de la literatura cubana! Con nombres de peso como Novás Calvo y Virgilio Piñera eclipsando al neo ceremonial de Lorenzo García Vega.

Así que, amigos míos, ¿qué nos queda por hacer sino rendirnos ante la sagacidad de estos críticos y sus agudas plumas? Porque al fin y al cabo, en este circo literario, las vacas sagradas seguirán siendo adoradas y los gurús seguirán marcando el ritmo. Y mientras tanto, nosotros, meros aduladores, seguiremos aplaudiendo desde la platea. Lezamianos y lorencianos se disputan el trono por una literatura de vanguardia.

Yo, por mi parte, no me inclino por ninguno de los dos bandos. No, prefiero contemplar desde las alturas y proclamar que la literatura cubana está gobernada por gurús y vacas sagradas chatarras. ¿Quién necesita talento cuando puedes tener seguidores en redes sociales?

Pero la sentencia final en el ensayo de Duanel es reveladora: "En la isla no hubo ni Apollinaire ni Ginsberg, pero sí hubo Novás Calvo, Virgilio Piñera, Cabrera Infante, Severo Sarduy; todos ajenos al ceremonial origenista, todos muy superiores a Lorenzo García Vega. Los años de Orígenes, la 'novela del exilio' y las fatales consecuencias del error de 1959 no son absolutamente intercambiables. En Cuba no hay colchonetas abandonadas en solares yermos."

¡Larga vida a la literatura cubana y sus extravagantes protagonistas!

Maestro Rococó

Estas son las cosas que me retuercen las tripas, hermano: un "Maestrazo" farandulero y todo rococó, dándose aires de sabio mientras imparte un taller literario como si estuviera en una iglesia de lujo en Roma, con un público más inmóvil que peces en la nevera.

¿Notaron el auditorio? Gente noble, embrujada por el maestro que les habla con un ingenio que ni Shakespeare. ¡Un maestro sin obra, sin experiencia! Debe haberle tomado más tiempo a un Vargas Llosa obtener el título de maestro que a este rococó que se adueñó de un control remoto para manipular juegos de video.

Y ahora, contemplen al maestro: un "sacerdote", o lo que sea, un cura, o mejor dicho, un muñeco de carnaval, soltando recetas para escribir poesía. ¿En serio? ¿Se necesita un guardarropa completo de carnaval para soltar dos o tres rimas, como si estuviéramos en "Palma y Caña" según Justo Vegas?

Cuando husmeé el muro de Facebook de este rococó con boina a lo Guevara, me quedé boquiabierto al encontrarme con una cantidad de faltas de ortografía que harían llorar a un diccionario y una redacción más fea que una patada de mula.

Como dicen Los Van Van en una de sus canciones: "aquí el que baila gana". Parece que cualquiera puede soltar un discurso poético. Señores, los tiempos de la cursilería de los talleres literarios ya son historia. El poeta no nace del taller literario, el poeta es un misterio. Es hora poner fin a los falsos maestro.

La patrocinadora doña Bárbara

¡Qué onda, Leopoldo Luis!

Espero que estés nadando en la cresta de la ola, compa. Me topé con tu último post en Facebook y, la verdad, me dejó boquiabierto. Aunque no nos conocemos de frente, quería agradecerte por regalarnos esa joya facebookiana. Me recordó a esos "escritores de café" que se la pasan en Facebook tirando sombra a otros proyectos culturales. Me apropio de dos frases tuyas en el post que subiste: "A veces le damos siete vueltas a la lengua para no soltar un disparate" y la otra más perspicaz, "Olvídate de los discursos que quieren parecer inteligentes: se acabaron los escritores "de élite". ¿Te acuerdas de "Todo el mundo canta"? Ahora es "Todo el mundo escribe", gracias a Facebook."

Te cuento de un tal Medina, autoproclamado defensor de la literatura basura, peca de lo mismo. Se da el lujo de criticar en FB proyectos que sí tienen punch. Este man acaba de lanzar un libro llamado "La Patrocinadora", una suerte de remix de "Doña Bárbara". Y para colmo, quiere hacer la gran presentación en una feria en Tampa. Según mis fuentes, este dramaturgo, apodado Ratoncito Pérez, utiliza su currículum más para limpiar el inodoro que para otra cosa. Se la cree demasiado y encima se mantiene como chofer de Uber. Un ejemplo de humildad, ¿verdad?

Y para que te rías un rato, échale un vistazo al comentario que soltó en Facebook con unos cuantos problemillas de redacción, saturándolo de veneno impúdico:

"Veo las diferentes fotos que se han publicado de esa presentación y comprendo el camino por donde tiene que transitar nuestra literatura. Me parece imprescindible que haya veteranos en nuestra profesión, porque la sabiduría solo la dan los años, pero no podíamos continuar con esas tertulias y convenciones literarias donde tanto los temas, el contenido, la conducción como la edad promedio de los participantes nos remiten al marco de una actividad cultural en un adult day care. Necesitábamos avizorar el relevo generacional de una profesión que no salía del laberinto de su ombligo, desconectada del gran público y de la gente joven que escribe y lee, que compra y opina, en fin, que determina el destino de una generación de escritores. Sin renunciar al carácter elitista e individual de la creación literaria, esta presentación nos demuestra que la élite no tiene que ser sectaria, y el individualismo inherente al proceso creativo no tiene que poner muros entre los colegas, los lectores y los otros actantes de la profesión. Gracias a Claudia Valdés y a Lunetra por entregar un libro que sacude y congrega, dándonos una alternativa al ostracismo y la banalidad, y pasándonos la estafeta de la verdad argumental y la eficacia discursiva, que es una vía que, de no conducirnos al triunfo, al menos nos aparta del fracaso. En este caso, el triunfo se impone nítido y tangible como un amor de madre."

Más claro que el agua, va destilando veneno y envidia contra otras editoriales y eventos literarios. ¡Un auténtico reptil de la crítica exotérica, sin duda alguna. Este tipo se las da de listillo, poniendo un evento de autoayuda por encima de eventos culturales de verdad. Parece que se cree la estrella de la farándula miamense, buscando fama con cháchara barata. Un verdadero «artista», ¿no crees? ¿De qué «elite» se cree parte este caballero, si más bien parece ser el campeón de defender lo indefendible? Le recomendaría que el tan aclamado «profesionalismo» que tanto proclama lo ha adquirido probablemente manejando un Uber y lanzando codazos de credenciales tan falsas como un billete de tres dólares. ¡Un verdadero maestro en el arte de aparentar, sin duda!

Yo asusto

¡Oigan, lectores y lectoras, prepárense para el carnaval de despropósitos literarios, porque aquí estoy con mis «ojos coloraos y mi fuka artillá", listo para sumergirme en el increíble universo de las perlas editoriales que nos brindan las redes sociales! ¡Agárrense, que viene un safari estilístico que hará temblar hasta al gurú del diseño editorial!

La encrucijada entre reír o llorar se pone más real que nunca al ver las locuras que mis ojos tienen el discutible honor de presenciar. ¿Qué habrá pasado con el ingenio cubano? Parece que los diseñadores de portadas de libros hicieron un pacto con la élite perfumada para inspirarse en sus creaciones. ¡Una experiencia tan surrealista que dejaría a Dalí mudo! Ah, la grandilocuencia, esa manía que nunca pasa de moda. ¡Bienvenidos al circo literario del absurdo!

Me voy a dar una vuelta por esta maravilla editorial, una joyita que te deja los ojos titilando como luciérnagas en la noche. ¡Vaya diseño tan "original"! Todo comienza con el título del libro, "Yo, Augusto", y termina con una imagen que, en lugar de recordarnos al emperador romano, parece sacada de un casting para el papel de sultán en una película de segunda categoría. ¡Qué extravagancia, qué falta de criterio!

Si al menos hubieran optado por un retrato o una ilustración artística de este personaje rococó, las cosas hubieran sido un poco más digeribles. Pero no, deciden elegir una foto del autor que parece salida de una sesión de fotos de un caballero andante, mirando con ojos soñadores su helado de fresa y chocolate en el Coppelia de La Habana. ¡Vaya elección más estrafalaria! Sin duda, promete tanto como un día sin pan.

¡Y ahora, el desfile de desatinos! Ni hablemos del color de fondo de la portada, más superficial que la charla de ascensor, y una contraportada que parece arrancada directamente del periódico Granma, de arriba abajo. Ni idea de quién sea el cerebro detrás del sello editorial Neo Club Ediciones, parece más bien un club de golfistas en decadencia, con palos más amarillos que la dentadura de un anciano.

Queridos editores, ustedes son los guardianes de aceptar y fomentar toda esta pomposidad barata, donde los egos inflados compiten por el trono de la vanidad en el mundo del diseño. "Yo, Augusto", un libro que, en lugar de destacar por su calidad ilustrativa, parece haber sido diseñado por un fanático del Paint en los albores del siglo XXI, donde el minimalismo intenta borrar a brochazos cualquier rastro de ego de los autores.

¡Ah, vamos, estimados autores! ¿En serio creen que pueden poner su propia imagen en la portada antes de ser reconocidos mundialmente, como los grandiosos Borges, Vargas Llosa y Bolaño? ¡Por favor! Y luego está este individuo rococó que ni siquiera tiene reconocimiento fuera de Facebook. ¿Dónde está su obra? ¿Dónde están los premios y galardones que lo justifiquen como exhibicionista literario? Vamos, que en este vasto mundo hay millones de ingenuos a merced de los autoproclamados guardianes del buen gusto en las redes sociales.

Y ni se me ocurre aventurarme en el diseño interior, ¡seguro que es otra joya de la corona editorial!

Pablo querido

Querido Pablo,

No tengo el placer de conocerte, y supongo que tu rostro se oculta tras esos espejuelos oscuros de tortuga ninja tan guapos. Podrías volar por los aires más rápido que un astronauta, como si eso te otorgara un aire de misterio.

Aquí me tienes, otro autista, pero del tipo que se imagina capitaneando una frágil fragata. No voy hacia arriba, ¿para qué? Prefiero el drama de navegar en línea recta, cortando los mares como un cuchillo en mantequilla. Ah, y sobre ese evento, el coliseo rebosante… me disculpo y te felicito, aunque dudo que te importe más que un pepino verde en plena crisis de ensaladas.

Ahora, permíteme lanzarte una perla de sabiduría, si es que puedes digerirla: ¿Qué te parece si abres otro sello editorial? Sí, uno que no sea Lunetra, para esas obras de autoayuda, motivación, y pragmatismo yuma que tanto gustan.

Porque, vamos, todos sabemos que la literatura, la de verdad, la que hace llorar, reír y desesperar, no debería mezclarse con esos intentos de inspiración naïf que terminan siendo más bien una sorpresa multitudinaria de rompecorazones.

¿Qué dices? ¿Te animas a salvar el mundo literario de la obviedad?

Escribir bien

¿Puede alguien explicarme por qué se necesita un manual para enseñar a escribir a los escritores cubanos? ¿Acaso asumimos que han estado plasmando sus pensamientos en una mezcla de jeroglíficos y garabatos ininteligibles hasta ahora? La autora, cuyo nombre es tan memorable como una siesta de tres horas, se erige como la diosa de la gramática en un panteón lleno de egos inflados. Por supuesto, porque todos sabemos que los escritores cubanos no pueden articular una frase decente sin que alguien les señale el camino. ¡Oh, cuánto les debemos a esta benefactora de la prosa, esta redentora de la sintaxis!

Y ¿qué nos depara el futuro? ¿Manuales que enseñen a los peces a nadar o tal vez a las gallinas a cacarear con elegancia? La próxima vez, probablemente nos presentarán un libro que instruya a las rocas sobre el arte de la reflexión profunda. ¡Vaya novedad!

La autora, con su desprecio por los escritores, se pasea por el paisaje literario como una dictadora gramatical, señalando errores con la gracia de una bruja moderna en busca de almas desvalidas en Facebook.

¿Quién necesita la opinión de editores y correctores cuando tenemos a esta hada madrina de la perfección lingüística? Seguro que los escritores están encantados de tenerla como jueza, temblando en sus botas de escribir ante el inminente juicio lingüístico.

Y ahí está, la obra que promete revelar los secretos de la escritura magistral, presentándose en una feria internacional del libro en Tampa. ¿Tampa, la cuna de la literatura universal? Seguro que Hemingway estaría revolcándose en su tumba. ¡Qué maravilloso homenaje al arte de escribir!

Señores, no hay manual que pueda enseñar el arte de escribir, porque la verdadera escritura no se encuentra en un libro de reglas, sino en el corazón y en la voluntad de estilo. La gramática se aprende en los libros, pero la arrogancia y la presunción de algunos se alimentan de su propia ignorancia. ¡Bravo, bravo por este espectáculo filológico en el escenario literario cubense!

Editoriales

Queridos maestros del arte editorial,

Permítanme compartir una pequeña preocupación y advertencia, con la esperanza de que no las reciban como si fueran un plato de limones agrios. Allá por el año 2011, en un acto de masoquismo académico, me sometí a un curso de diseño gráfico en Boca Raton, lo que, sorprendentemente, me llevó a obtener un Bachelor of Arts. No es que quiera presumir (aunque claramente lo estoy haciendo), pero tengo algunas observaciones que me muero por compartir en un espíritu absolutamente "constructivo".

He notado con mis agudísimos ojos de águila que ciertas editoriales "cubiches" (perdón por el neologismo) tienen un gusto por las portadas que oscila entre lo cómico y lo trágico. Hoy, me gustaría poner el dedo en la llaga de los logotipos editoriales, en particular uno que parece haber sido diseñado en una cápsula del tiempo.

Resulta que las portadas de libros promocionadas en redes sociales parecen haber sido olvidadas por el buen gusto. Desde elecciones tipográficas desafortunadas hasta otros deslices estéticos, estos diseños hacen que un libro parezca cualquier cosa menos una obra de arte. Y ni hablemos de los logotipos. Señores, ¿han considerado contratar a diseñadores gráficos que hayan nacido en este siglo?

Reitero, no es que quiera dar lecciones de nada; solo pretendo ser un faro de luz en su oscuro mundo de diseño. Pero me resulta un misterio cósmico entender de dónde sacan inspiración para esos logotipos. Algunos parecen sacados de la letra de "The Wall" de Pink Floyd: más ladrillos en la pared que bloquean cualquier atisbo de identidad editorial. Por ejemplo, el sello Lunetra, con su logo lobuno, parece ser una convocatoria a una reunión de terapia grupal en la sala de un hospital psiquiátrico. ¿Es acaso un mensaje subliminal sobre el estado mental de sus autores?

Ah, el sello Furtivas, esa gloriosa representación de un samurái feudal en plena faena con su arco y flecha. Claro, porque, evidentemente, todos sus autores son unos 'arqueros' de la palabra, siempre acertando en el blanco de la literatura con la precisión de un cazador experimentado. Y ahí se reúnen, en esa elitista congregación intelectual de la ciudad del sol, como si fuera el Olimpo de los genios literarios. ¡Qué espectáculo!

Ah, el inconfundible sello Primigenios, una joya en el mundo editorial. Su logotipo, que podría confundirse fácilmente con el de una clínica de bienestar para influencers de Instagram, es una maravilla del mal gusto. Realmente, ¿quién necesita libros cuando puedes sanar el alma con un logotipo que parece promocionar yoga y jugos detox?

Ah sí, el famoso sello Ateje, donde, por supuesto, Buda decidió tomarse unas vacaciones. Gracias a eso, todos los que escriben ahí son automáticamente elevados a gurús de la sabiduría, porque, ¿quién necesita años de estudio y reflexión cuando puedes simplemente 'trascender la ignorancia' con un sello? Y lo del árbol, nada menos que un clon exacto de un barquillo del Coppelia de La Habana, ¡porque seguro que eso era lo que más le importaba a Victoria en su 'travesía secreta'!"

Y luego está el famosísimo "Voces de Hoy", una editorial que, en un alarde de creatividad, decidió que lo retro era lo suyo. Con un logotipo que parece un cangrejo haciendo moonwalk o quizás una tortuga en plena huida, consiguen transmitir un mensaje claro: "Miradnos, aún vivimos en la era de la máquina de escribir y nos encanta". Si sus autores buscan trascender, tal vez deberían empezar por transcender ese logotipo.

No olvidemos el sublime Exodus, un oasis en el desierto del diseño gráfico editorial. Su logotipo es casi perfecto, si ignoramos la doble "x", que parece un grito desesperado por atención de sus creadores. "Mírennos", gritan esas "x", "somos diferentes". Bravo, Exodus, bravo.

Y para terminar, volvamos a "Voces de Hoy", cuyo logotipo no solo es un viaje al pasado, sino también una ironía andante. Refleja un teclado que bien podría ser usado para enseñar cómo no escribir. Curiosamente, sus libros suelen tener una sintaxis impecable, lo cual es un milagro considerando que su editora parece necesitar un microscopio para ver más allá de su nariz. Con suerte, estas modestas sugerencias servirán para algo más que para adornar la papelera de reciclaje de ideas de diseño.

La presentación maché

Queridos compinches lectores,

Me envuelve un éxtasis al sumergirme en las redes sociales, especialmente en ese Edén de la sinceridad llamado Facebook e Instagram. Una marejada desbordante de noticias promocionales sobre eventos culturales, presentaciones de libros y ferias literarias invade mis feeds, y para colmo, ¡viene con exageraciones y sobresaltos de regalo!

Pero, ¡alto ahí!, no quiero ser un temerario aventurero que se lanza de cabeza en asuntos de poca monta, ¿verdad? Tal vez deberíamos esforzarnos por deslumbrar al mundo de una manera un poco más, digamos, realista con nuestras noticias promocionales.

Ah, sí, me he propuesto desentrañar cada rincón de la divulgación y promoción del arte y la literatura de la diáspora cubana. Será como un safari emocionante, explorando tanto sus virtudes divinas como esos pequeños defectillos encantadores que los hacen tan humanos. ¡Quién sabe, quizás descubra una especie nueva de escritor con tendencias dramáticas y giros argumentales inesperados!

Pero, la joya de la corona es esa revelación tan estrafalaria que me llegó sobre el próximo bestseller de la editorial Lunetra. ¡Oh, sí, la misma editorial que me tentó con la posibilidad de publicar mis cuentos!

Aunque, por supuesto, me retiré en un acto de puro refinamiento editorial. Resulta que, según la majestuosidad de "Nielsen BookScan", el oráculo supremo de las estadísticas de venta en Amazon, podría haber, atención, un error en las cifras de ventas de "Mi hija es astronauta": 3000 ejemplares vendidos.

¡Cuidado, humanos mortales! Inflar estadísticas para simular en las redes que un libro es un éxito cuando apenas supera la asombrosa cifra de 100 ejemplares vendidos.

Esta táctica, por supuesto, es el juego maestro de las editoriales mediocres (no mencionaré nombres, Lunetra), que buscan ganar seguidores y adeptos en las redes. Pero, claro, la falacia es simplemente un desafío intelectual para nuestra valiente cultura.

¿Quién necesita vender más de 100 libros cuando puedes tener una maquinaria falsificada de embrujo para seducir a la mente colectivista? ¡Qué época tan espléndida para ser escritor, o mejor dicho, mago de las estadísticas literarias!

Por supuesto, sin desentrañar los misterios del diseño del libro, que parece tener una relación especial con los muñequitos estilo Muppet.

Lunetra

Estimados editores:

Aquí me ven, un romántico del siglo XXI, abrazando mi cuaderno de cuentos como un tesoro olvidado por el tiempo. Mis relatos, fruto de la juventud, todavía buscan un hogar, uno de esos con sabor a tinta y papel. Claro, podría haber optado por las grandes editoriales, esos colosos del libro donde, sin duda, mi manuscrito ahora disfruta de unas largas vacaciones en la montaña de "Leeremos Eventualmente". Pero, ¿quién necesita ese glamur cuando uno puede bailar al ritmo de las editoriales cubanas en Miami?

De entre este exquisito menú de opciones, hay una que me roba el aliento: la "Editorial Lunetra". ¡Ay, Lunetra! Con su estilo, su elegancia, esa manera tan suya de hacer sentir a sus autores como si estuvieran en una luna de valencia, escuchando los susurros literarios de lobos con doctorados en gramática y estilística. Y luego está su director, mitad editor, mitad sanador de almas, un terapeuta de los descorazonados escritores, que con un solo gesto parece decir: "Ven aquí, pobre autor herido, en Lunetra curamos más que errores de puntuación".

Y en el centro de este circo literario, el director de Lunetra, ese mago de las palabras, ese curandero de almas escritoras. Un hombre que, con su varita mágica (o pluma, según se mire), promete sanar todas las heridas del escritor, esas que van más allá de la gramática y la ortografía. Un romanticismo de telenovela, una guataquería que roza lo épico, un amor tan indestructible por sus autores que hasta Romeo y Julieta palidecerían de envidia.

Así que, con un sueño que no conoce de cynismos y una ironía que no cabe en el bolsillo, apuesto mis fichas a Lunetra. Porque, al final del día, ¿qué sería de un escritor sin su dosis de drama y un toque de comedia detrás de cada página escrita?

Quisiera, si no es demasiado atrevido de mi parte, solicitar que usted, el inigualable señor Lunetra, se digne a leer uno de mis microrrelatos. Este, modestamente, forma parte de lo que me atrevo a llamar mi 'cuaderno de cuentos'. Mi esperanza, quizá un tanto audaz, es que lo evalúe y, si los astros están de mi lado, lo apruebe.

Anhelo, con un fervor que apenas puedo contener, verme transportado a la luna de Valencia, un lugar que, estoy seguro, es el único digno de presenciar un evento de tal magnitud. Y en ese momento celestial, me gustaría que usted, señor Lunetra, con la sabiduría y el tacto que lo caracterizan, dirigiera hacia mis humildes cuentos uno de esos piropos editoriales que tan magistralmente sabe cultivar. Piropos que no solo halagan, sino que transforman, como si usted fuese un alquimista no de metales, sino de palabras, dedicado a sus pacientes y esperanzados escritores."

¡Ahí lo tiene! Una versión ligeramente más ornamentada y adecuada para la grandeza de su petición al señor Lunetra.

***

La charretera del comandante en jefe

Ahora, imagina la escena en la superficie. No es exactamente Miami Beach. Estamos en una fría ciudad cubana, tan desconocida que probablemente ni Google Maps podría encontrarla. Los árboles se ven como si estuvieran intentando hacer una imitación de "Thriller" de Michael Jackson, y el viento decide ponerse dramático, porque ¿por qué no?

Mientras tanto, nuestro amigo se había ido a La Habana con un trabajo de ensueño: catalogar cosas en un museo. Porque, claro, nada grita aventura como mirar viejos artefactos todo el día. Pero, oh sorpresa, resulta que algunas de esas reliquias son un poco más… 'animadas' de lo normal. Porque, ¿quién necesita tranquilidad en un museo?

Y luego, como si no fuera suficiente con tener que lidiar con antigüedades fantasmas, nuestro héroe decide que sería una idea estupenda quedarse en el museo por la noche. Porque, obviamente, eso es lo que haces cuando las cosas se ponen espeluznantes, ¿verdad? ¿Por qué irse a casa a un lugar seguro y acogedor cuando puedes pasar la noche en un museo con artefactos embrujados?

En resumen, una serie de decisiones cuestionables y un poco de mala suerte, y aquí lo tienes: un viaje de negocios convertido en una experiencia de entierro prematuro. ¡La vida es una aventura, después de todo!

Ah, qué maravilloso paseo por el museo, ¿no es así? Nada dice "tarde cultural" como una visita a una galería donde los objetos expuestos deciden cobrar vida y vengarse. Especialmente encantador es ese pequeño detalle de las charreteras de Fidel Castro, arrastrándose como si estuvieran en una película de terror de bajo presupuesto. ¡Qué toque tan sutil y artístico!

Y luego, esa alegre escena donde los fusiles Remington se unen al baile. ¿Quién necesita un museo aburrido y estático cuando puedes tener un espectáculo de danza de objetos poseídos? Seguramente, eso atraería más visitantes.

La cabeza flotante de Antonio Maceo con ojos resplandecientes, bueno, eso es solo la guinda del pastel. Un poco de drama sobrenatural nunca está de más. Y las momias con escarabajos en el pecho, ¡qué creatividad! Realmente hace que uno se pregunte por qué no hacen todas las exhibiciones de museos tan… animadas.

El pobre visitante, elegido para experimentar una muerte dolorosa y prolongada, es un giro de la trama tan inesperado como una secuela de una franquicia de películas de terror. Y qué final, ¿verdad? Una semana pensando que estaba muerto, pero no, ¡sorpresa! Está vivo y reflexionando sobre el sufrimiento eterno, como si estar en un museo embrujado fuera una metáfora de la vida misma.

En serio, ¿quién necesita guías de audio o placas informativas cuando puedes tener una experiencia tan… enriquecedora? Definitivamente, este es un viaje al museo que nadie olvidará pronto, aunque probablemente lo intenten.

Gabor se cagó

Queridos seguidores,

El relato que dejé caer en este espacio digital esta mañana, embrollado tal vez por mi excesiva pasión hacia el inigualable arte de narrar, parece haber sacudido el avispero de algunos compañeros de letras. Estos, al parecer, incapaces de apreciar la fina ironía con que abordé la última obra del insigne Gabor, han lanzado una cruzada de consejos y advertencias por mensajería de Facebook. ¡Válgame el cielo! Me instan a no osar desafiar al gigante Gabor, ese titán de las letras cubanas de nuestro tiempo.

Entre mensajes que rozaban lo cómico y lo trágico, hubo uno particularmente melodramático que me amenazaba con vagas desgracias si persistía en mis "extravagancias literarias". Ante tal escenario, opté por el silencio, considerando que el mismísimo Gabor se ha erigido en juez y verdugo del panorama literario, lanzando dardos venenosos a diestro y siniestro.

Con una audacia que roza lo quijotesco, se ha atrevido a usar su afilado machete mambí contra exiliados de la talla de Zoe Valdés, mientras que con un compadreo digno de mejor causa, cepilla las espaldas de sus acólitos como Wendy Guerra (cuya mediocridad es de dominio público), Rafael Rojas (una aficionada con ínfulas de ensayista) e Iván de la Nuez, quien parece desfilar por el salón de la fama literaria con más pompa que méritos.

Y ahí tenemos a nuestro querido Guillermo Labrit, erigiéndose en caballero andante en defensa de Gabor, movido, sin duda, por esos lazos invisibles que atan a la humanidad en un gesto de solidaridad universal. Lo que parece escapársele en su noble gesta es que Gabor nunca le dedicaría ni una línea en su afamado diccionario, relegándolo al olvido como a un escritor de tercera o cuarta categoría.

Pero no importa, porque alrededor de Labrit se congrega un coro de voces menores, esos escritores que lo idolatran y veneran a Gabor, quizás porque en el fondo saben que sus propias obras carecen del encanto, la elegancia y la profundidad que pretenden alcanzar. Estos fieles discípulos no son más que los últimos suspiros de una dictadura literaria, un régimen erguido bajo la sombra omnipresente y supuestamente intocable de la crítica literaria de nuestro adorado Gabor.

Ah, cómo olvidar el espectáculo digno de Broadway: un influyente literario con su podcast iluminado, aferrando el 'ladrillo de Gabor' como si sostuviera la Piedra Filosofal. Sus palabras críticas titubeaban, tratando de escapar de la opresión del tocho literario. Ese intrépido escritor, otro ferviente devoto de Gabor, se pavoneaba con el ladrillo, como si llevara consigo la mismísima Biblia, mirándolo con asombro, como si acabara de descubrir la pólvora literaria en sus manos.

¡Que se abra el debate!

La lengua muerta

En el exquisito y estrafalario teatro de lo literario, donde la burla es la reina del baile, hallamos la entrega de Fermín Gabor, "La lengua suelta", una obra que prometía ser el amanecer de una nueva era en el mundo de las letras, pero, ¡oh sorpresa!, resultó ser más bien un crepúsculo prematuro.

Y cuando pensábamos que Gabor había desaparecido del mapa, ¡zas!, como un mago que saca un conejo de su chistera, reaparece en escena. Pero, ay, no nos trae una nueva colección de ensayos rebosantes de originalidad, sino una recopilación de crónicas ya masticadas y digeridas entre 2002 y 2010. ¿Acaso Gabor nos está sirviendo vino añejo en una botella reluciente, pretendiendo que brindemos por la originalidad? ¡Qué audacia la suya!

Las crónicas de Gabor, maravillosas y profundas inmersiones en lo más banal de la existencia, nos revelan un panorama donde incluso las instituciones parecen titilar con un atisbo de relevancia.

Este libro, que en su nacimiento fue aclamado como la próxima maravilla del mundo literario, no tardó en revelar su verdadera naturaleza: un mero fuego de artificio que, tras un breve y ruidoso estallido, se desvaneció en el aire, dejando tras de sí nada más que una estela de humo y desilusión.

La efervescencia que rodeó a "La Lengua" de Gabor se disipó con tal rapidez que uno podría compararla con una vela expuesta a la furia de un huracán. Las 700 páginas de esta obra, que prometían revolucionar el panorama literario, terminaron por resonar únicamente en los ecos de un círculo exclusivo de escritores, cuyo interés parecía centrarse más en los chismes literarios y la guataqueria, que en la producción de obras que pudiesen rivalizar con la magnitud de Gabor.

Pero, ¡ay!, en estos tiempos de glorificada mediocridad, Gabor, el gran artífice de las palabras, optó por rebajarse al nivel de la vulgaridad, embarrando su pluma en la simplificación más pedestre, para así espejar la decadencia de su época.

¡Un aplauso para Gabor, que ha sabido descender a los abismos de la comprensión popular para que su genio sea al fin apreciado por las masas!

"La lengua suelta" se nos presenta, por tanto, como un collage de citas, un homenaje al arte de la apropiación, donde la originalidad queda relegada a un segundo plano. ¿Para qué esforzarse en crear cuando se puede reflejar el genio ajeno con tal maestría? Gabor, con este gesto, parece rendirse ante su audiencia, deleitándose en la comodidad de lo ya dicho.

En su afán de dictar quiénes merecen un lugar en el panteón de la literatura y quiénes deben ser olvidados, Gabor ha perdido aquel encanto irreverente, esa capacidad para burlarse de todo y de todos, que una vez hizo su columna tan atractiva.

Al convertir su crítica en un juicio y su ensayo en una sentencia, Gabor se ha convertido en un guardián de las letras, mirando por encima del hombro a cualquiera que osara eclipsar su brillo, un envidioso en su torre de marfil.

Lamentablemente, hoy nadie habla de Gabor y menos de la Lengua muerta.

Vaca sagrada

La diáspora cubana, ese maravilloso hervidero de "crítica literaria" donde el elogio y el panegírico se reparte más fácilmente que los volantes en una feria bananera. Aquí, si escribes algo, ¡felicidades! Ya eres un genio. La calidad de las obras, por supuesto, es un tema tan relevante como el color de la corbata y la bufanda de un escritor en su foto de FB.

Pero, ¡ay de aquel crítico que ose decir la verdad! Se convierte en el villano de una novela mal escrita, perseguido por hordas de "defensores de la literatura" que, con la ferocidad de hormigas en una mermelada, atacan cualquier intento de crítica honesta. Porque, ¿para qué mejorar si puedes rodearte de aduladores?

Y en este circo aparece un personaje como José Prats Sariol, una vaca sagrada, una chatarra en plena decadencia intelectual, armado solo con su sarcasmo pedestre, enfrentándose al tsunami de la "nueva poesía" que, francamente, hace que Quevedo en su tumba parezca estar en una fiesta. "¿Por qué leer poemas de Quevedo? Para sonreír ante tanta trivialidad, tanta chatarra promocionada como nueva poesía", dice él, mientras las editoriales de Miami y allende los mares se esfuerzan en demostrar que el papel aguanta todo lo que le pongan encima, sin importar la calidad.

Ahora, la gran pregunta: ¿deberían los críticos como Sariol hacer algo más que lanzar dardos envenenados desde la distancia? ¿Quizás armar una lista de "lo peor de lo peor", con premios y todo? Claro, porque eso sería muy bien recibido y no desataría la Tercera Guerra Mundial literaria.

Así que, queridos lectores, ¿qué piensan? ¿Deberíamos animar a estos valientes críticos a seguir adelante con su misión suicida de honestidad, o mejor los dejamos disfrutar del espectáculo desde la primera fila? Compartan sus pensamientos en la caja de comentarios, si pueden encontrarlos entre tanta "excepcional" literatura contemporánea.

Portal y el Moncada

Queridos y siempre atentos lectores, me veo en la irrefrenable necesidad de compartir con ustedes, en esta gloriosa jornada, mi última y más altruista contribución al mundo de la ironía literaria. Esta vez, mi pluma (o mejor dicho, mi teclado) se enfoca en la saga interminable, digna de ser narrada por Homero, entre el insigne Manuel Vázquez Portal y un servidor, quien humildemente se esfuerza en mantener el nivel de esta tragicomedia.

Es cierto, recientemente intenté, con la elegancia y sutileza de un cisne que navega en un lago de cristal, tender un puente de paz con Vázquez. Envié un mensaje tan cargado de buenas intenciones que casi podía verse aureolado por una luz celestial, digno de ser inscrito en los anales de la diplomacia. Pero, ¡oh sorpresa!, Vázquez, con la perspicacia de un sabio ermitaño, decidió que lo mejor era continuar con nuestro entretenido tira y afloja.

Con la gracia de un maestro de ajedrez, le lancé una sutil advertencia: "águila no caza mosca". Una metáfora tan delicada que esperaba hiciera mella en su intelecto; sin embargo, se desvaneció como una delicada brisa en el desierto. Vázquez, en respuesta, ha embellecido su muro de Facebook con publicaciones que destilan la tristeza y el encanto de un trovador olvidado, de esos que suspiran en las esquinas porque las musas les han dado la espalda.

Ahora, hablando en términos más terrenales, considero que la conducta de Vázquez merece no solo un análisis, sino también podría ser el tema central de una tesis doctoral en psiquiatría. Imagino a los futuros psiquiatras tomando notas fervientemente sobre "La Perenne Fijación de Vázquez por Rogelio, el Ciclón de Ovas: Un Caso Clínico".

Por tanto, aquí me tienen, queridos seguidores, empuñando mi teclado cual espada de Damocles, preparado para desafiar al formidable… perdón, al modesto gigante Vázquez en este duelo intelectual que, sin duda, pasará a la historia como un combate más épico que el de David y Goliat. Espero no abrumarlos con este espectáculo que bien podría inspirar una ópera de Wagner. ¡Que comience la función!

La obsesión de Vázquez por este humilde servidor es, en efecto, un fenómeno digno de estudio en las modernas aulas de psiquiatría. Dediqué horas a meditar cómo responder a las provocaciones del astuto Vázquez sin manchar su reputación ante mi audiencia. Por un instante, pensé en ignorarlo, dejar que se ahogara en su copa de agua. Pero entonces recordé una máxima de Stendhal: "Desenvaina tu espada y ponte al frente del combate".

En la imagen a continuación, observen las palabras resaltadas en un elegante tono de crayón verde. La concordancia en "más insignes" es incorrectamente deliciosa. Señalo esta minucia para resaltar que tales errores gramaticales deberían ser de mayor preocupación para un filólogo de renombre, en lugar de inmiscuirse en riñas ajenas. Lo señalo a Vázquez no con ánimo destructivo, sino en un acto de generosidad educativa.

Otra joya de su retórica envenenada es intentar pintarme como un "ciberclaria" al servicio del castrismo, olvidando, de manera conveniente, su pasado como ferviente admirador del régimen, antes de que la realidad le diera una amarga lección en Cuba. Con pesar, pero con la responsabilidad de un historiador, debo recordar a Vázquez que, posiblemente, su mejor obra poética fue una décima dedicada al comandante en jefe, durante el IV Congreso del PCC en 1992. Hay más ejemplos, pero este es especialmente ilustrativo de nuestro "heroico patriota". El poema, como se muestra a continuación, fue publicado en la antología "Me dan pena los burgueses vencidos", de la editorial Política y Uneac. A Vázquez, quizás, debería darle pena ser derrotado por su propia retórica de excomunista y castrista.

El poema, una décima de impresionante manufactura, rebosa de matices, metáforas y elipsis, todo lo que un poeta al servicio de un sistema feudal podría desear. Estos versos lo dicen todo:

El viento fue el mensajero
de sus olores de vida
porque por aquella herida
iba naciendo un sendero.
Sendero que trajo a Enero
con clamor de madrugada,
resurrecto en la alborada
derrumbadora de muros
con los fogonazos puros
que alumbraron el Moncada.

Queridos lectores, les dejo extraer sus propias conclusiones. Espero, con esto, poner fin a la polémica con el desafortunado Vázquez Portal.

Feria de Tampa a la vista

¡Atención, queridos y aguerridos lectores! Prepárense para un evento que promete ser tan monumental como inesperado – ¡y no, no estoy bromeando! Reserven espacio en sus agendas, porque en marzo se celebrará un acontecimiento sin precedentes en el mundo de las letras: la primera Feria Internacional del Libro de Tampa. ¿Quién lo hubiera dicho, verdad? ¡Internacional, y en Tampa! Es el momento perfecto para desempolvar esas joyas literarias que guardan en casa y llevarlas a un lugar donde realmente se aprecien. Pero espera, no es una feria cualquiera, sino una dedicada a la lectura de tabaquería, donde cada stand deberá exhibir un tabaco literario, añadiendo un toque único al evento.

Y ahora, lo que todos esperábamos: la Feria de Tampa se propone eclipsar (sí, has leído bien, eclipsar) a la famosa Feria de Miami. Ah, esa feria que parece más un club exclusivo donde siempre reciclan las mismas caras año tras año. Pero, ¿será diferente en Tampa? Los organizadores prometen un evento más inclusivo, más abierto… aunque no tan abierto como para no reservar un espacio especial para el "sociolismo", asegurándose de que los grandes de la cultura cubana tengan su lugar.

Se espera una amplia participación de editoriales cubanas y autores renombrados de todas partes del mundo. ¿Será este el festival de diversidad que todos esperamos?

Aquí viene la parte jugosa: si la logística y organización no están a la altura de las expectativas, podríamos ser testigos del mayor fiasco de la historia literaria. ¡Y eso, queridos lectores, es algo que no nos queremos perder por nada del mundo! Así que, ¡nos vemos en Tampa! A menos, claro, que todo termine siendo un grandioso fracaso… ¡una feria de papel mojado!

Vázquez sin permiso

Estimados lectores,

Cuando me enfrento a un problema complejo, recurro a ustedes, al soberano de la literatura, para debatir, y solicitar su consejo y determinación sobre qué debo hacer. Reconozco que enfrentarse a la verdad puede ser doloroso, y este parece ser el caso de mi estimado Vásquez Portal, quien no ha cesado de insultarme tras una publicación que le dediqué ayer.

En ese post, evité profundizar para no herir susceptibilidades, ya que el señor Vásquez es como una flor de loto. Sin embargo, él me acusa de ser un "ciberclaria", un agente del G2, además de mediocre e idiota, y ha criticado sin pudor mi mala escritura.

El comportamiento de Vásquez desde ayer parece ser el resultado de una anomalía psiquiátrica, una psicosis fuera de control, intentando abrumarme, aunque sin éxito. Lo más irónico es que este hombre recorre las redes sociales como un mendigo pidiendo apoyo, sumando esfuerzos para defenderse del "demonio Ruge-lio" (el hombre que ruge para causar lío).

La estatura intelectual de Vásquez no debería verse amenazada por un racimo de palabras mal escritas. ¿Y por qué se comporta tan agresivamente contra el diminuto y mediocre Ruge-lio? Ah, mi escritura lo arrastra, lo envuelve como un perfume Tom Ford. No lo puede evitar.

Antes dije que un filólogo no debería tener problemas de 'gramática estructural', y mucho menos de sintaxis. Pero Vásquez no se mira en el espejo, sino en una montaña de cadáveresególatras. Cuando dije que la portada de tu libro era 'chillona', lo interpretaste mal, o más bien, a medias. Me refería al libro como objeto de arte. No importa si la imagen seleccionada es un cuadro de Picasso; ese no es el punto para hacer que el libro sea atractivo y bien diseñado.

Tu libro, Vásquez, es un desastre en el arte de la maquetación y el diseño, sin mencionar los gazapos y errores en el interior del texto. La imagen seleccionada, mi querido Vásquez, es demasiado colorida, aunque el cuadro sea una obra de arte. A esto se suma el uso de la tipografía en la portada y lo recargado del texto en la contraportada.

Te sugiero que pidas a tus diseñadores y editores ser un poco más minimalistas con tus "creaciones literarias", lo cual es tendencia hoy en día en el mundo editorial. Te digo todo esto no para ofenderte, sino para contribuir a mejorar la calidad editorial de tus libros.

Aún no eres un escritor consolidado. Estás en camino; por ahora, eres un periodista que intenta con cierta habilidad meter cabeza en el arte de escribir.

¿Qué piensan ustedes, queridos lectores? Déjenme sus opiniones en la caja de comentarios.

Tantos palos al mulo

¡Qué sorpresa nos ha traído el grandioso Vásquez Portal! Con la gracia de un escorpión viejete, se zambulle en los misterios de sus recuerdos para sacar una "croniquita" más vieja que Matusalén, publicada en Cubanet. Con ojos brillantes de nostalgia (o quizás era alergia), nos relata cómo en aquellos tiempos, su pluma era tan afilada que podría haber cortado el aire. ¡Qué espectáculo!

Degustando sus palabras, me invadió una tormenta de emociones. Lágrimas brotaron en la comisura de mis labios, pero no por emoción, sino por una risa que casi me asfixia. Los comentarios bajo su artículo eran un banquete para cualquier aficionado a la ironía y la sutileza, o para cualquiera que disfrute de un buen circo.

Mis dedos temblaban de anticipación (o de frío, nunca se sabe). ¿Estaríamos ante una obra a la altura de sus columnas en el Granma? Las expectativas eran tan altas que casi las pierdo de vista. Me lancé al teclado con la devoción de un crítico en un festival de cine indie.

Pero, permitan revelarles un secreto sobre un comentario que dejó el queridísimo Vásquez en un post hace poco. "Usted, siempre brillando con su ironía". Con una astucia digna de un zorro, le puse una 'S' a su apellido: 'Vásquez'. Su foto en Facebook nos muestra a un auténtico montañés, quizás perdido de un cuento vasco.

Porque, en Vascolandia (también conocida como País Vasco), poner 's' en los apellidos es tradición, ¿verdad? ¡Detalles!

Hablando de literatura, los libros de la revolución cubana no capturan tanto mi atención como esos diamantes en bruto del exilio. Le eché un vistazo a uno, pero, ¡vaya!, creo que Vásquez debería publicar sus obras completas. ¿Veinte títulos y aún contando? En estos tiempos donde todos buscan su minuto de fama, parece apropiado.

Y, ¡los premios! Vaya colección de trofeos internacionales. Pero, entre nosotros, ¿cuántos serán fruto de ese «jineterismo cultural" que está tan de moda? No es que sugiera nada, por supuesto.

Ahora, lo más intrigante, ¿es filólogo? Siempre pensé que era periodista reconvertido en poeta y narrador. Pero, supongo que incluso un filólogo puede tropezar con la gramática y la sintaxis. Seguiremos discutiendo esto más adelante, cuando el cielo nos caiga encima.

El libro "Con tantas lluvias al lomo", con una portada chillona y un diseño tipográfico que duele a los ojos. ¿Se cree Gene Kelly, bailando bajo la lluvia?

Y volvamos a la "croniquilla", ese Sábado de Feria, una epopeya comparable a la vida de un contable en temporada baja. En un acto de rebeldía adolescente, nuestro héroe decide enfrentarse a la grisura de su existencia y va a la feria del libro de La Habana, buscando algo más emocionante que ver pintura secarse.

Allí se encontró con un desfile de escritores sacados de una cápsula del tiempo, y homenajes a autores que probablemente ni recuerdan su nombre. Sumergiéndose en este mar de humanidad, donde los bocadillos interesaban más que los libros, encontró poetas tan comunes como unicornios en una granja.

Y entre saludos de poetas con miedo escénico y otros casi asfixiados de entusiasmo, apareció la joya de la feria: Michael H. Miranda. Sus versos eran un oasis en un desierto de pretensiones. Así, este Sábado de Feria se convirtió en una ironía digna de Kafka, demostrando que incluso en el absurdo se puede encontrar algo valioso.

Pero la verdadera joya era el desfile de comentarios, una tragicomedia para ver quién era el Aquiles del teclado o el astuto caballo de Troya. En esta feria dirigida por el régimen, se libraba una batalla épica por el título del héroe más grandioso.

Y allí, entre poetas consagrados, ignorados en un rincón, emergía Miranda, intentando unirlos con sus versos cargados de romanticismo. La mayoría de los comentaristas viven en el exilio como banderines para estocada al toro castrista. Mientras, el mundo seguía su curso, indiferente a sus batallas de tinta y papel. ¡La poesía salva! Claro que sí.

El idiota

Queridísimos lectores, aquí les traigo una perlita: Francis Acea, uno de mis "admiradores", me ha endilgado el adorable estribillo "Yo soy Fidel". Aunque no conozco personalmente al señor Acea (¡qué fortuna la mía!), parece ser un fan de esos que detestan mis escritos pero no pueden vivir sin ellos. En una ocasión, irrumpió en mis posts con aires de ofensa y desprecio, rogándome no etiquetarlo. ¡Oh, qué alma sensible! Accedí a su ruego, pero, ¡oh sorpresa!, ayer regresó cual can fiel, incapaz de resistirse a este encanto que emano. "Yo soy Fidel", clama él. ¡Qué original! El pobre cerebro, tan saturado de ideología, ya no distingue más allá de su nariz. Usa la misma técnica de censura del gula cubano.

Y qué decir de Acea, el pintor conceptual, el patriota. Después de formarse en las venerables escuelas de Cuba y mostrar su arte allí, logra becas para "explorar horizontes" (léase, huir). Me lo imagino, creando abstracciones que seguramente son un festín de prejuicios ideológicos. "Yo soy Fidel, y tú el Che", parece decirme. "Hasta la victoria siempre, comandante Acea…" Pero no se preocupe, señor Acea, aquí siempre tendrá un rinconcito para su… ejem, "arte". ¡Bienvenido sea siempre a este humilde espacio!

La Casa de los borrachos

¡Ah, Miami! Ese Disneylandia para adultos que se creen intelectuales, donde los autoproclamados nobles de la literatura se pavonean, cual pavos reales en pleno ritual de cortejo. Se hacen llamar "los supremos", inflados de ego hasta el punto de ser caricaturas andantes.

Se congregan en su club secreto, un lugar tan pretenciosamente bautizado como "La Casa del Ser y sus Invitados", que parece más una guardería para egos inflados que un templo de la sabiduría.

En este escenario, entre tragos caros y un aire de trascendencia tan artificial que podría desvanecerse al menor soplido, debaten sobre temas de interés tan exclusivo que ni ellos mismos parecen entenderlos. Presentan libros que probablemente ni sus propias madres se molestarían en hojear, mientras sueltan frases que intentan pasar por sabiduría, pero que no pasan de ser aire caliente.

El gran espectáculo, sin embargo, es ver a estos autodenominados maestros del arte embriagándose en su pequeño mundo de fantasía, creyéndose los mesías de la literatura, mientras el mundo real sigue su camino, ignorándolos olímpicamente.

Y, por supuesto, no podemos pasar por alto al "gordito", que se cree ser Arnold Schwarzenegger en el GYM y Marlon Brando en el set, el autoproclamado emperador de la charlatanería, tan absurdo como su atuendo de crisis de mediana edad. Se pasea como si fuera la reencarnación de Nietzsche comprado en una tienda de descuento, probablemente sin haber captado ni la más mínima esencia del filósofo alemán.

¡Y cómo pasar por alto al «showman" de pacotilla! El tipo que monta su propio show donde, por supuesto, él es la estrella, el director y hasta el público. Un auténtico caso de hablar por no callar, soltando palabras al viento, pero sin decir nada que valga la pena. Vamos, que su discurso es más hueco que un bombo en una banda de pueblo.

En este rincón miamense, la reunión de 'los de siempre' se convierte en una tragicomedia donde la literatura es un fantasma. Nuestros personajes - el gordito, el cocoliso, el tabacú, el ñacañaca y el pistolero - se citan no para sumergirse en la literatura, sino para danzar al compás del desconcierto.

La mentira llega con 'Playa Albina', la novela cuyo autor es un enmascarado que, en un giro burlón, pretende satirizar a los escritores diaspóricos cubanos. Su portada, una parodia hambrienta del zoológico de La Habana, rezuma escasez y desdichas.

Este quinteto, en su delirio, se ve como el oasis del desierto literario. Pero, ¿dónde están esas obras prometidas? Parecen una carrera en bicicletas sin ruedas. Y lo más hilarante es que, en esta feria del absurdo, algunas figuras culturales locales, como mariposas atraídas por una luz falsa, caen en la trampa de este espejismo, buscando un cuerdiamor literario inexistente. ¡Qué ironía buscar profundidad en un pozo seco, donde el eco de la verdadera literatura se pierde entre carcajadas, copas de vino y whisky!

Y para darle el toque final a esta tragicomedia, ahí están las bebidas de etiqueta y los platillos que solo pronunciarlos ya te cuesta. Según los cotilleos de esquina, hay un misterioso mecenas soltando billetes a diestro y siniestro. Todo un despliegue para aparentar ser la Meca de la cultura, engatusando a escritores y artistas (no quiero mencionar nombres porque son personas decentes) para que bailen al son de una creatividad y libertad tan falsas como billete de tres dólares.

Este circo es de los que te sirven la ostia en bandeja de plata, mientras te clavan con copas de vino cuyo precio te hace soltar una lágrima. ¡Un brindis, señoras y señores, por el "gordito", el maestro de ceremonias no oficial de este festival de papel maché!

Irma el zar

Vaya, vaya, parece que la estimada Irma Sánchez, en un arrebato de ¿valentía o masoquismo?, después de su comentario en mi última publicación, se ha ofrecido voluntariamente para ser mi conejillo de Indias. ¡Pobre alma! Anhela ser el blanco de mi incisiva crítica personalizada. ¡Qué privilegio! Así que, querida Irma, prepárate para una demostración de cirugía verbal sin anestesia. Seguro que dejarás al compañero Vázquez Portal con la boca abierta, preguntándose en qué lío se ha metido. ¡A trabajar, que el machete no se afila solo!

¡Ah, pero qué tenemos aquí! Irma, la «ingeniera-poeta», ¡por favor! ¿No es para morirse de la risa? ¡Qué combinación tan peculiar! Como si de la nada decidiera que no solo va a construir puentes, sino también rimas. Imagínate sus proyectos: un rascacielos adornado con haikus, o un motor impulsado por metáforas. Y su manera de hablar sobre «fusionar mundos dispares»… ¡Vamos, Irma! Como si un poema en un manual de ingeniería fuera a hacer los cálculos estructurales más profundos.

Y no olvidemos su "filosofía personal", todo ese rollo sobre el espíritu humano y el amor como fuerza salvadora. ¡Qué innovador! Seguro que nunca nadie ha hablado de eso antes. Me imagino que cuando Irma reflexiona sobre el amor, hasta los circuitos de sus máquinas palpitan al ritmo de un soneto. Me causa gracia esa idea de que ha estado "explorando la condición humana" desde niña. ¿Qué hacía? ¿Estudiaba la mecánica cuántica de los cuentos de hadas?

¡Y claro, cómo olvidar! Como si no hubiera suficientes editoriales en el mundo, ella tuvo que fundar ARTahouse Editorial en 2015. ¡Una editorial sin fines de lucro! Porque el mundo realmente necesitaba otra de esas. Y no es solo una editorial cualquiera, es una "editorial registrada". ¡Qué novedad! Como si las demás operaran en garajes ajenos.

Lo mejor de todo es que publica sus propios libros y los de sus amigos. ¡Adiós a los editores profesionales! ¿Para qué los necesitas cuando puedes autopublicarte en Amazon? Nada dice "calidad literaria" como un grupo de amigos autopublicando sus "obras maestras".

Y por si fuera poco, se ha "especializado" en edición, maquetación, fotografía y diseño editorial. Incluso en el diseño de portadas. Porque, obviamente, ser experta en todo eso es fácil, ¿cierto? ¡Debe ser genial vivir en un mundo donde te conviertes en experto de la noche a la mañana! ¡ARTahouse Editorial, salvando al mundo un libro autopublicado a la vez!

¡Y no nos olvidemos de sus más de 10 libros publicados, algunos con el «gran» Juan Benemelis! Me pregunto qué pensaría él, probablemente revolcándose en su tumba al verse asociado con ARTahouse. Esa editorial que ni siquiera sería un buen punto de partida para una carrera literaria de escape.

Y sobre la "alta calidad" de los libros de esta "fábrica de apartamentos", ¡oh, la excelencia editorial que no pasa del ABC! Parece que Irma cree que un libro como objeto de arte es solo para calzar mesas cojas. ¡Qué visión tan revolucionaria! En su mundo, cualquier garabato en una servilleta es digno de ser enmarcado como obra maestra.

Y qué decir del último 'bestseller' de Irma, esa "obra maestra" de literatura, con su "única" poética y "inconfundible" estilo. Irma, la Madame Blavatsky del vecindario, experta en hablar mucho sin decir nada. Nos sumerge en el "originalísimo" mundo del esoterismo vulgar, algo totalmente inédito, ¡claro que sí! Como esos gurús de TV vendiendo recetas mágicas para ser felices, desestresados y millonarios. Pero Irma le añade su toque especial, adornando todo ese rollo con papel de celofán, vendiéndonos raíces en el nirvana, conexiones cósmicas y sabiduría trascendental. ¡Vaya cuento de hadas para adultos!

Y finalmente, ahí está 'Bentesicime', esa "joya" de la poesía moderna con ilustraciones que harían sonrojar a Picasso. Y luego está Sánchez, la maga de las palabras, repartiendo encantos en cada línea como si fuera la Harry Potter de la literatura. Su fe ciega en los "avatares del espíritu" y una prosa tan espesa que necesitarías un machete para cortarla. Sí, Irma, definitivamente eres la encarnación del "arte sublime", pero del tipo que hace que uno quiera correr hacia las colinas.

Así que, querida Irma, ahí tienes tu crítica personalizada. Espero que la disfrutes tanto como yo disfruté escribiéndola. Y recuerda, en un mundo de opiniones, siempre habrá un espacio para las mías, las más punzantes y, por supuesto, las más entretenidas. ¡Hasta la próxima entrega, queridos seguidores!

¿Alguien más quiere ser operado? ¿Usted Vásquez Portal?

La inadaptada

Los poetas de Miami! Estos magos de la palabrería que te invitan a un delirante baile de ensueño con los ojos escancarados, como si no fuera la fórmula perfecta para una serie de golpes y moretones. Te sumergen en un mundo donde, en un giro de trama tan inesperado como indeseado, ¡te ves leyendo en tus propios sueños! Porque, por supuesto, nada complementa mejor nuestras noches que ser acosados por la presencia fantasmagórica de figuras literarias.

Mientras te ahogas en sus líneas, emergen toda clase de recuerdos, incluyendo esos romances fallidos que, honestamente, preferirías mantener en el ataúd de tu pasado. Pero ahí estás, debatiéndote entre si lo esencial de los poemas es su mensaje o las mentiras reconfortantes que te cuentas a ti mismo mientras los lees. Porque, obviamente, lo que la humanidad estaba clamando eran más crisis existenciales.

La peculiaridad de estos poetas miamenses es su rechazo a limitarse a ser meramente originales; ellos aspiran a una invasión total de tu psique. Porque, sin duda, lo que todos ansiamos es tener un poeta revoloteando en el laberinto de nuestros pensamientos más íntimos y oscuros.

¿El maridaje perfecto para semejante tormento literario? Un licor lo suficientemente fuerte para engañarte creyendo que entiendes cada palabra, cada coma, cada delirio poético.

En su última orgía literaria, nos lanzan relatos donde el pasado no solo hace una visita de cortesía al presente, sino que lo asalta, lo tira al suelo, y se apropia del control remoto. Almas en agonía, un inframundo que parece más una escena de una película de terror de serie B… un espectáculo de primera.

Y, como no podía ser de otra manera en esta feria de lo grotesco y lo pretencioso, los muertos tienen más líneas de diálogo que los vivos, que en comparación parecen más bien zombis apáticos. Pero, ¡oh sorpresa! Aquí viene el clímax melodramático: un estoicismo que haría palidecer a las más dramáticas telenovelas y una creencia en el amor que suena más desfasada que un disco de vinilo.

Ah, qué maravilla: cada vez que promocionan un cuaderno de poesía en redes sociales, se desata una lluvia de "me gusta", "felicidades" y "aplausos" por doquier. ¡Cómo no! Nadie osa decir una palabra fuera de lugar, nadie se atreve a romper la encantadora armonía. Y claro, los poetas de Miami, ¡oh, esos elegidos! Nacen, sin duda, en cunas de oro. Es un espectáculo fascinante, digno de un cuento de hadas: Alicia en el País de las Maravillas tiene competencia con este Miami de las Maravillas. ¡Qué mundo tan mágico y convenientemente perfecto!

Ah, la inigualable experiencia de leer a los poetas de Miami mientras degusto un dulce de guayaba. Son un deleite, casi empalagosos como mermelada, adhiriéndose a tu memoria con la misma tenacidad con que una fritura de bacalao se aferra a tus dedos. ¡Pura poesía pegajosa!

Qué espectáculo más sublime: los 'poetas' de Miami, desnudando el alma, quedándose 'en cueros' como aficionados en un tubo de go-go o de gigoló. Dejan su alma por ahí, expuesta cual mercancía de mercadillo, para que el lector saboree hasta su 'erotismo maravilloso'. ¡Qué delicia, qué manjar para los sentidos!"

¡Bravo, poetas de Miami, sigan superándose en sus tragicomedias líricas! Y recuerden, cualquier parecido con la realidad o con la imagen abajo, es pura coincidencia… o puro arte literario.

Adulación martiana

Enero y su ineludible cita con la jornada martina, ese repetitivo ritual anual donde rendimos homenaje a José Martí, nuestro sempiterno líder de postal. Aquí estamos, año tras año, manteniendo una tradición que parece haberse congelado en el tiempo, como si los relojes hubieran decidido hacer una pausa en algún punto del siglo pasado.

El exilio, imperturbable en su papel, sigue recitando el mismo guion laudatorio que en la isla, donde se considera a Cuba como la musa de la rebeldía cubana. Curioso cómo ambos, régimen y exilio, sin importar sus discrepancias, se unen en un ballet coreografiado alrededor del nacimiento de Martí, a quien se le atribuye, con una mezcla de reverencia y reproche, el haber dirigido nuestra nación hacia un abismo ideológico.

Y en esta fiesta de la contradicción, desfilan las actividades en honor a un hombre de gustos refinados por la ginebra y el coqueteo, un personaje que, en un giro irónico de la historia, no toleraba a los Estados Unidos. Pero, oh sorpresa, todos parecen estar de acuerdo en revestir a Martí de un halo redentor, como si su figura fuera capaz de absolver todos los pecados nacionales con solo mencionar su nombre.

La historia es un disco rayado: los mismos análisis reciclados de su poesía, los ensayos que parecen fotocopias desgastadas y la politiquería nacionalista que nunca falta a la cita. ¿Hasta cuándo seguir idolatrando a Martí? ¿Acaso no merece el pobre descansar en paz sin ser convocado a cada evento como si fuera un espectro obligado a asistir a su propia fiesta de cumpleaños eterna?

Cada año, emergen "expertos" en su obra, como flores en primavera, todos alineados con ese discurso monocorde que huele a naftalina y suena a Fidel Castro. ¿Hasta cuándo, cubanos, seguiremos participando en esta celebración anacrónica?

¡Ah, la sabiduría iluminada de Arturo Carricarte! Su obra maestra, "Cubanidad negativa de José Martí", debería ser lectura obligatoria. ¿Quién sino él para mostrarnos, con la agudeza de un visionario, el espectáculo tragicómico de convertirnos en una nación de papagayos, repitiendo sin cesar y sin pensar? Todo gracias a nuestra devoción casi religiosa por idolatrar a nuestro querido apóstol, José Martí. Y qué mejor escenario para este desfile de loros parlantes que los actos de cada enero, donde la originalidad brilla por su ausencia y la guataquería se convierte en deporte nacional. ¡Bravo, Carricarte, por señalar la obviedad con tal elegancia!

Por cierto, si alguien encuentra alguna relación entre este texto y las imágenes en este post, que lo atribuya a las casualidades de la literatura y no a una conspiración orquestada en algún oscuro rincón de la ironía.

Noticia bomba

Queridísimos lectores, ¡prepárense para una noticia bomba! Nuestro exclusivo club de amistades sigue inflándose como globo en feria, y por eso, os doy las gracias (no, en serio, ¿dónde firmo para recibir mi medalla de paciencia?). Pero claro, en esta vida colorida siempre hay sorpresas, como en una caja de chocolates… o mejor dicho, en botica.

Resulta que ayer, dos estrellas fugaces del drama, conocidos en los bajos mundos como "tracatanes" (sí, esos que se autoproclaman paladines de lo ajeno), me han condecorado con el título de "agente castrista y comunista" por el terrible crimen de… ¡tachán! ¡Criticar a Miami! Oh, la humanidad. La señora Sotelo y el señor Acea, con su memoria de pez, parecen haber olvidado que vivimos en el paraíso de la libertad de expresión. Y yo, aquí, ejerciéndola a mi manera al estilo de Frank Sinatra.

Ahora bien, decir que estoy criticando al adorado Miami es un eufemismo tan sutil que podría haber salido directamente del manual castrista de poesía. ¿Y los cubanos? Ah, mis adorados compatriotas, ¿cuándo nos liberaremos de ese adorable síndrome del victimismo? Aquí estamos, en el Olimpo de la individualidad, ondeando la bandera del nacionalismo más pedestre, como si no hubiera un mañana.

Pero, amigos, no todo es drama en la vida de su humilde servidor. Tengo una invitación especial para ustedes: vengan a conocerme en persona. Sí, así como lo oyen. Estaré de punta en blanco, desfilando mi elegancia en el evento de premiación de tres autores estelares en la fábrica de tejer medias de la editorial El Ateje.

Y para que no se pierdan buscando al Cid Campeador entre la multitud, les doy unas pistas: mido unos impresionantes 6 pies y 1 pulgada, peso unas sólidas 188 libras, con piel de trigueño aventurero, cabello negro como la noche sin luna, y ojos marrones que han visto demasiado. ¿La cita? Este viernes 19, en la gloriosa Casona. ¡No acepten imitaciones!

Primera parte

Queridos amantes de la literatura y connoisseurs, prepárense para un viaje a través de mi increíblemente reveladora experiencia en la Feria del Libro de Miami. ¡Oh, qué sorpresa! Al caminar por esa "exquisita" feria callejera, casi me caigo de espaldas al ver nombres de editoriales cubanas adornando los stands. ¿Quién lo hubiera imaginado? Editoriales cubanas en Miami, ¡qué novedad!

Así, movido por una mezcla de curiosidad y un poco de ese masoquismo cultural que todos llevamos dentro, decidí embarcarme en una odisea digital para conocer más sobre estas joyas editoriales. Y, amigos míos, lo que encontré es digno de una telenovela con más giros argumentales que "La Casa de Papel".

Primero, hablemos de la variedad. ¡Hay para todos los gustos! Desde poesía que te hace cuestionar si realmente sabes leer, hasta novelas históricas que, sorprendentemente, reescriben la historia mejor que un guionista de Hollywood. La creatividad de estos autores es tal, que te hace preguntarte si escriben sus libros mientras juegan al Scrabble en una montaña rusa.

Y qué decir de las portadas de estos libros. Algunas son tan "artísticas" que te pasas más tiempo tratando de descifrar la portada que leyendo el libro. Un verdadero homenaje a la abstracción, digno de ser expuesto en el mismísimo Louvre, al lado de la Mona Lisa, para que ella misma se pregunte qué está haciendo allí.

Y no olvidemos la maravillosa experiencia de leer traducciones que juegan al teléfono descompuesto con el idioma original. Cada página es una sorpresa; nunca sabes si te encontrarás con una frase poética o un trabalenguas que desafiaría al mismísimo Chomsky.

Queridos amigos, la presencia de estas editoriales cubanas en Miami no es solo un fenómeno cultural, es un espectáculo digno de admirar. Porque, al final del día, ya sea que ames u odies estos libros, una cosa es segura: no te dejarán indiferente. Y eso, en un mundo donde todo parece copiado de todo, es, sin duda, un logro impresionante. ¡Bravo!

Por el momento vamos hablar de los nombres. Las editoriales y sus nombres, esas joyas de creatividad que nos hacen preguntarnos, "¿Quién necesita a Shakespeare cuando tienes un comité de marketing?" "Voces de hoy", qué título más innovador. Seguro que nadie pensó en eso antes, ¿verdad? Me evoca ese aire fresco y auténtico de "Palmas y Caña", donde cada voz resonante no es solo una melodía, sino el preludio a una revolución literaria. Sí, claro, como si cada libro fuese el grito de guerra de los intelectuales, dispuestos a desatar la zafra millonaria de sus pensamientos profundos. ¡Bravo!

Y luego está "Furtivas", que suena más a una novela de espías que a una casa editorial. Pero, por supuesto, es el refugio perfecto para esos "espadachines" de la palabra, tan sigilosos y misteriosos. Imagínatelos, escondidos en las sombras, listos para atacar con sus metáforas afiladas y su ironía cortante. ¡Qué miedo! Seguro que cada vez que publican un libro, el mundo de la cultura tiembla ante su ingenio y profundidad. Realmente, ¿qué sería de la literatura sin estos valientes guerreros del teclado? ¡Un aplauso para ellos y sus esfuerzos titánicos!

Ah, "Primigenios", ese altisonante nombre que parece surgir directamente del caos editorial primordial, donde, como en un acto de generosidad cósmica, se publica todo ser que se atreve a empuñar una pluma o, en estos tiempos más digitales, un teclado. Es una suerte de Big Bang editorial, donde cada partícula de texto encuentra su hogar, un utópico hervidero de ideas que, irónicamente, podría hacer palidecer a la mismísima Biblioteca de Alejandría.

Luego tenemos "Exodus", que no es más que la dramática y casi operística huida de esos angelicales escritores bañados en oro, cuyo ego, inflado como globo en feria de vanidades, parece estallar en un espectáculo de "caca" pura y dura. Una fuga que parece más un capítulo perdido de una telenovela barata, donde el drama y la fetidez compiten por el protagonismo.

Y qué decir de "ARTahouse", la mecenas moderna disfrazada de agente inmobiliario. Esta entidad, tan generosa como un lobo con piel de cordero, provee refugio en forma de módulos de apartamentos y condominios a esos escritores desahuciados, desesperados por un techo bajo el cual llorar sus penas y, con suerte, ser publicados. Una especie de Robin Hood del mundo literario, solo que en lugar de robar a los ricos, les cobra a los pobres.

El, "Ateje", esa sutil y resplandeciente red de pesca tejida con hilos de oro, que parece tener la única función de pescar, en las turbulentas aguas de Miami, a los escritores del éxodo del Mariel. Una estrategia tan brillante como cuestionable, que transforma el arte de la escritura en una especie de pesca milagrosa, donde el talento y la desesperación se mezclan en una sopa de ambiciones y sueños rotos.

"Velámenes", he aquí un nombre que resuena con la majestuosidad de un santo patrón, pero no de los desamparados, sino de los escritores en apuros. En este mundo moderno, donde la ironía se sienta en el trono, surge esta identidad corporativa, un ángel guardián de la seguridad y el cosquilleo monetario. Ofrecen, con una sonrisa corporativa y un guiño cómplice, ese "coistudio" - una palabra tan inventada como sus promesas - a los escritores que se debaten entre la pluma y el pan, esos pobres almas en pena que vagan por el purgatorio de la inestabilidad laboral, necesitados de "dinerito" urgente.

¿Y qué es exactamente este «coistudio»? Imagínese un oasis en medio del desierto, una promesa de seguridad y tranquilidad para aquellos que han sido azotados por las tormentas de la economía gig y la incertidumbre del freelance. "Velámenes" se presenta como el mesías de la modernidad, una suerte de Robin Hood corporativo, aunque, en lugar de robar a los ricos, simplemente ofrece un pañuelo para enjugar las lágrimas de los escritores mientras sus bolsillos siguen vacíos.

Resulta casi conmovedor, si no fuera tan sarcásticamente trágico, cómo "Velámene" se erige como el salvador de estos artistas de la palabra, ofreciéndoles un faro de esperanza en un mar de desesperación económica.

Un faro, cabe añadir, que más bien parece una luz de neón parpadeante en la entrada de un casino: promete mucho, pero garantiza poco.

Domingo nostálgico

Prepárate para la revelación más impactante desde que descubrimos que el agua moja: resulta que no podemos despegarnos de nuestro lugar de nacimiento. ¡Sorpresa! Por más que viajemos, parece que llevamos un GPS emocional que nos recalcula la ruta hacia nuestra tierra natal cada dos por tres. Y si no te has dado cuenta aún, tranquilo, te caerá el veinte justo cuando estés a punto de estirar la pata. ¿Construir una segunda naturaleza o soñar con un segundo hogar? Bah, intentos patéticos. Al final, el lugar donde soltaste el primer llanto se queda grabado en tu ser, como esas canciones pegajosas que no puedes sacar de tu cabeza.

Y no importa cuánto te esfuerces en ser un ciudadano del mundo, en el fondo, sigues siendo un embajador no oficial de tu aldea. ¡Qué misterio tan insondable! Es como si tuvieras un tatuaje invisible que dice "Hecho en Cuba. Made in Kuba". Ninguna cirugía espiritual, lavado de cerebro cultural o viaje astral puede borrar ese sello. Es como el regreso de Odiseo a Ítaca, pero sin los poemas épicos y con más dramas personales. ¡Bienvenido al club de los eternamente nostálgicos!

Sobre el premio editorial
"Nunca hay jama"

En un nuevo acto del teatro de la ironía literaria, un editor en jefe, con una chispa de audacia y una pizca de desfachatez, salta al ruedo anunciando su más reciente proyecto editorial: "Nunca hay jama". La ironía del título no puede ser más deliciosa, ¿verdad? Un título que suena como un eco de la eterna escasez, pero en el ámbito de la literatura. ¿No es acaso sublime?

Ah, pero dejemos a un lado las nimiedades como el "libro caza castrista". Qué poca delicadeza. Si por casualidad no fuiste publicado en Cuba, ¡felicidades! Debes ser condecorado, posiblemente con una medalla de oro (falsificada, por supuesto), por haber esquivado con tal elegancia la censura de la isla. ¡Qué hazaña! Y, por supuesto, estás cordialmente invitado a unirte a este magnífico circo literario. El gran premio: una cena en un restaurante chino en Hialeah, ese oasis del cubano en Miami, que se erige como un bastión del "progreso". ¿No es eso la quintaesencia de la ironía?

Pero, ¿qué pasa si tu repertorio literario lleva la marca de las editoriales castristas? No temas, en el esplendoroso exilio hay sitio para ti y tu "premio de consolación del chicharrón". No nos importa si fuiste aclamado en La Habana, Bayamo, Manzanillo o Matanzas. Aquí, en el benevolente Yuma, te reeditaremos. No por tus méritos literarios, por supuesto, sino porque sencillamente nos resulta conveniente. Qué contradicción tan deliciosa: aborrecemos esas editoriales al servicio de un régimen totalitario, pero oh, cómo nos encanta aprovecharnos de sus obras para reeditarlas. Y así, mantenemos entretenidos a nuestros "carneros", esos pobres ilusos hambrientos de reconocimiento y aplausos, mientras permanecen ajeno al hecho de que no son más que peones en nuestro ajedrez cultural. ¿No es esto un sarcasmo maravillosamente teatral, un acto supremo en el drama del exilio literario? ¡Bravo! La ironía nunca fue tan amarga, ni tan deliciosamente entretenida.

En este exquisito teatro de lo absurdo que es el mundo literario del exilio, aguardamos con un deleite casi perverso la elección del ganador por parte de ese supremo jurado, cuyos miembros, indudablemente, encarnan la sabiduría y el discernimiento… o al menos eso nos gustaría pensar. En realidad, la selección del afortunado laureado promete ser un episodio más en esta farsa magníficamente orquestada.

Imaginemos la escena: un grupo de escritores, inflados de autoimportancia, deliberando en una habitación cargada de tensión dramática. Cada uno de ellos, esgrimiendo su criterio como si fuera la vara mágica que transforma el plomo en oro literario. Pero, ¿qué criterios imperan en realidad? ¿La calidad literaria, la originalidad, la profundidad? Oh, ingenuos que somos al creer que tales trivialidades importan en este juego de poder y prestigio.

Tres reseñas

Claro, ¡cómo no verlo antes! Tres reseñas, tres monumentos literarios erigidos en honor del nuevo mesías de las letras en Playa Albina. El heraldo de la nueva era en Litler Havana, ¿pero cómo osar compararlo con Eddy Campa, el poeta de "Little Havana Memorial Park" y los relatos "Manual para estafar y otras historias"? Eso es más que un sacrilegio mediático, es una comedia de proporciones épicas.

Este aspirante a sucesor, este valiente guerrero de la palabra, ¿pretende acaso ocupar el trono de Campa? ¡Por favor! Antes deberían chequear si cumple con la lista de requisitos esenciales para ser un auténtico cronista de la Pequeña Habana. Una especie de receta mística para la autenticidad literaria.

Primero, ser negro. Porque, claro, la pigmentación de la piel es un ingrediente crucial en la fórmula del genio literario. ¿Cómo podría alguien entender la complejidad de la vida urbana sin el matiz correcto en su paleta de colores personal?

Segundo, ser homeless. Porque nada grita "auténtico" como haber vivido en las calles. La verdadera sabiduría no está en los libros ni en las aulas, sino en el duro asfalto de la realidad. ¡Qué importan las credenciales académicas o la disciplina de la escritura, si puedes presumir de haber dormido bajo las estrellas urbanas!

Tercero, sufrir una enfermedad terminal. Porque, ¿qué es un escritor sin una historia personal que rime con tragedia? Una enfermedad terminal no solo es un requisito, sino también un accesorio literario de moda que proporciona profundidad y, por supuesto, simpatía.

Cuarto, ser un suicida adicto a las drogas. Porque la autodestrucción es tan literaria, ¿no? Nada dice "torturado" y "profundo" como un coctel de adicciones y desesperación. La vida tranquila y equilibrada es para los mortales comunes, no para los íconos literarios.

Y claro, como afirmaba Dostoyevski, para ser un auténtico escritor del subsuelo, hay que vivir en las profundidades, tanto literal como figurativamente. Porque la verdadera literatura, obviamente, solo brota del sufrimiento y el caos.

Así que, aquí estamos, presenciando el ascenso de este nuevo profeta en Litler Havana. ¿Logrará alcanzar las alturas de Campa o se quedará corto, tragado por las exigencias de un legado tan dramático y específico? Solo el tiempo, y quizás una cuarta reseña, lo dirán. ¡Qué espectáculo! ¡Qué teatro de lo absurdo! ¡La literatura nunca decepciona en su búsqueda de la próxima gran tragedia o comedia humana!

¡Oh, claro! ¿Cómo no me di cuenta antes? Aquí tenemos un «cabecetriángulo", un verdadero innovador, redefiniendo el arte de la crónica literaria. ¡Qué audacia la suya, atreverse a llamar "crónicas" a sus escritos! Es como si alguien decidiera llamar "alta cocina" a un sandwich de queso.

¿Qué es esto de escribir sobre lo que ve pasar por sus ojos? ¡Qué concepto tan revolucionario! Hasta ahora, todos estábamos convencidos de que las crónicas literarias debían ser escritas con los ojos cerrados, basadas en sueños o quizás en conversaciones escuchadas en la cola del supermercado. Pero este genio viene y cambia las reglas del juego: decide observar y luego escribir. ¡Increíble!

Y llamar a eso reportaje, ¿eh? Qué osadía. Todos sabemos que una verdadera crónica debe estar llena de dragones, viajes espaciales o, al menos, de alguna que otra conspiración extraterrestre. Pero este audaz escritor decide escribir sobre la realidad que lo rodea. ¿Dónde está la fantasía, la invención, la escapada de la realidad que todos buscamos en la literatura?

Por supuesto, su libro, etiquetado como "Crónicas", ¡qué desfachatez! Está lleno de notas periodísticas, como si eso fuera lo mismo. Como si los grandes cronistas del pasado no hubieran hecho exactamente lo mismo, pero claro, con más estilo, más drama, más… ¿qué sé yo? ¿Algo más?

Así que aquí lo tenemos, en una era donde cualquiera puede ser escritor y cualquier cosa puede ser literatura. ¡Qué tiempos estos! Donde las crónicas son solo eso, descripciones de la vida cotidiana, sin un dragón a la vista, sin un viaje en el tiempo, sin un romance con un vampiro. Simplemente, la vida tal como es. ¿Puede haber algo más aburrido? ¡Qué falta de imaginación, señores! ¡Qué falta de auténtica literatura!

Las listas de libros leídos en FB

Las redes sociales! Ese maravilloso lugar donde todo el mundo es experto en todo, especialmente en literatura, ¡claro está! Ayer, como si fuera una lluvia de estrellas fugaces de la sabiduría, comenzaron a aparecer en Facebook las listas de libros leídos en 2023 de los intelectuales cubanos. ¡Qué despliegue de erudición! Casi puedo ver los libros, aún intactos y libres de polvo, sonriendo sarcásticamente desde sus estantes.

por supuesto! Nada dice "cultura" como publicar en Facebook listas de libros para fingir ser el próximo Borges o García Márquez. Especialmente esos intelectuales cubanos, siempre adelantados en el juego de "yo leo más que tú". ¿Diez libros en un año? ¡Por favor!

Y no solo eso, sino que también nos regalan sus promesas de lectura para el nuevo año. ¡Qué generosidad! Seguramente, como buenos samaritanos de la cultura, se proponen leer otros diez libros, probablemente con la misma fervorosa dedicación con la que no leyeron los del año pasado. Realmente, es un espectáculo digno de admiración, casi como ver a alguien intentar correr una maratón mientras está atado a su sofá.

Pero espera, hay más. Entre esta deslumbrante exhibición de listas, aparece la joya de la corona: nuestro amigo cubano que ahora vive en España. Él no es cualquier lector, ¡no señor! Él se cree la reencarnación de Solzhenitsyn. Imagino que sus estanterías están repletas de libros tan profundos y leídos como su aparente humildad.

Y luego, en medio de esta feria de vanidades, surge una voz, un rayo de luz irónica en la oscuridad del autoengaño: "Hagan la lista de los malos lectores". ¡Brillante! Porque, sinceramente, si vamos a premiar la ostentación de no leer, al menos seamos honestos y celebremos a aquellos que realmente dominan el arte de no abrir un libro.

Ahí sí que tendríamos una competencia reñida. Al fin y al cabo, ¿quién necesita leer realmente cuando puedes fingir ser un erudito en Facebook? ¡La vida moderna, señoras y señores, no deja de asombrarnos!

Rogelio García.
Boca Ratón, enero de 2024

www.ingramcontent.com/pod-product-compliance
Lightning Source LLC
Chambersburg PA
CBHW051309250726
48656CB00004B/1557